Fremdsprachentexte

Jacques Prévert
Poèmes et Chansons

Herausgegeben
von Monika Beutter und
Hans-Dieter Schwarzmann

Philipp Reclam jun. Stuttgart

Universal-Bibliothek Nr. 9155

Umschlag: Jacques Prévert. Zeichnung von Daullé. Mit Genehmigung des *Magazine Littéraire*, Paris
Gesamtherstellung: Reclam, Ditzingen.
Printed in Germany 1985
ISBN 3-15-009155-1

Inhalt

(Ch = Choses et autres; H = Histoires; P = Paroles; Pl = La Pluie et le Beau Temps; Sp = Spectacle)

Vorbemerkung

Jacques Prévert war nicht nur ein sehr vielseitig begabter, sondern auch ein sehr produktiver Dichter.
Eine knappe Auswahl aus seinen Gedichten und Chansons zusammenzustellen, zwingt zu großer Beschränkung und verschärft die Frage nach den zugrunde gelegten Kriterien. Da sich die vorliegende Sammlung an einen breiten Leserkreis richtet, dürfen selbstverständlich die Gedichte und Chansons nicht fehlen, die Prévert berühmt und populär gemacht haben. Dazu zählen vor allem die Texte, die – teilweise sogar mehrfach und bis in unsere Tage – vertont und von berühmten Interpreten wie den Frères Jacques, Yves Montand, Serge Reggiani oder Catherine Ribeiro vorgetragen worden sind. Im Hinblick auf den Bekanntheitsgrad wurden deshalb auch schwerpunktmäßig Gedichte aus dem berühmtesten Band, *Paroles*, ausgewählt. Es sollten aber auch Gedichte aus anderen Sammlungen aufgenommen werden, um die thematische Vielfalt und die Formenfülle von Préverts Gedichten deutlich werden zu lassen. Préverts unerschöpfliche dichterische Phantasie bewirkt zwangsläufig, daß bei weitem nicht das ganze Spektrum seiner dichterischen Möglichkeiten erfaßt werden konnte. Das für den Stil des Dichters Charakteristische hatte dabei den Vorrang vor dem ausgefallenen Experiment.
Ein weiteres Problem ergab sich bezüglich der Anordnung der Gedichte. Eine chronologische Reihenfolge verbot sich von selbst, da aus vielerlei Gründen die Datierung vieler Gedichte unsicher ist. Eine Gliederung nach Sammlungen erschien deshalb nicht sinnvoll, weil

der Schwerpunkt auf den *Paroles* liegen sollte und sich überdies zahlreiche thematische Überschneidungen ergeben hätten.

Übrig blieb der nicht unumstrittene Versuch einer thematischen Gliederung. Jede feste Einteilung nach Themen stellt eine Gliederung aus zweiter Hand dar und lag sicherlich nicht in der Intention Préverts. Einige der aufgenommenen Gedichte lassen sich nur mit Vorbehalt unter einen der vier vorgeschlagenen Themenkreise subsumieren, in vielen anderen klingen mehrere Themen an. Wenn in der vorliegenden Textausgabe eine Zuordnung zu Themengruppen vorgenommen wurde, so geschah dies vor allem aus pragmatischen Gründen. Da sich die Themen der Gedichte nur teilweise über ihre Überschrift erschließen lassen, ja teilweise in bewußtem Widerspruch dazu stehen (z. B. »Familiale«, »La grasse matinée«), kann eine thematische Anordnung für denjenigen hilfreich sein, der Gedichte nach thematischen Gesichtspunkten auswählt oder sich an das Thema eines Prévertschen Gedichtes erinnert und den zugehörigen Text rasch auffinden möchte.

Die deutschen Worterklärungen sollen eine Lesehilfe für diejenigen darstellen, die Grundkenntnisse im Französischen besitzen. Sie erfassen deshalb vorwiegend weniger frequente Wörter und Wendungen, die über den im *Dictionnaire fondamental de la langue française* von Georges Gougenheim (Paris: Marcel Didier, 1958) verzeichneten Wortschatz hinausgehen. Erklärt werden auch die weniger geläufigen Eigennamen, sowie geographische und historische Begriffe. Darüber hinaus werden Verständnishilfen da gegeben, wo Anspielungen Préverts in Form von für ihn so charakteristischen Laut-

und Wortspielen nicht ohne weiteres erkennbar sind. Selbstverständlich können diese durch »vgl.« gekennzeichneten Hinweise keinen Interpretationsersatz darstellen.
Als Anregung für eine vertiefende Betrachtung der Gedichte und Chansons Préverts sind die Auswahlbibliographie, die auch Einzelinterpretationen enthält, sowie die Diskographie gedacht.
Zum Schluß sei der Hinweis erlaubt, daß sich Prévert bestens für die Behandlung im französischen Literaturunterricht eignet. Die relativ einfache Sprache, die Anschaulichkeit und fehlende Esoterik der Bilder, der episodenhafte, häufig aktualisierbare und nicht selten amüsante Inhalt verfehlen ihren Eindruck auf Schüler nicht und erleichtern dem Lehrer den Einstieg in die Lyrik-Behandlung. Reizvoll kann vor allem auch der Vergleich verschiedener Interpretationen zu einzelnen Werken Préverts sein (siehe Diskographie). So ist es sicherlich kein Zufall, daß Prévert als Unterrichtsmodell auch in pädagogischen Zeitschriften (siehe Literaturhinweise) und Schulfunksendungen starke Beachtung findet.

La vie de tous les jours
Faits divers · Portraits

La grasse matinée

Il est terrible
le petit bruit de l'œuf dur cassé sur un comptoir d'étain
il est terrible ce bruit
quand il remue dans la mémoire de l'homme qui a faim
elle est terrible aussi la tête de l'homme
la tête de l'homme qui a faim
quand il se regarde à six heures du matin
dans la glace du grand magasin
une tête couleur de poussière
ce n'est pas sa tête pourtant qu'il regarde
dans la vitrine de chez Potin
il s'en fout de sa tête l'homme
il n'y pense pas

3 **gras, se:** fett, üppig; hier: ergiebig (vgl. *faire la grasse matinée* ›bis in die Puppen schlafen‹).
5 **dur, e:** hart.
le comptoir: Theke.
un étain: Zinn.
7 **remuer:** bewegen, rütteln; hier: rumoren.
la mémoire: Gedächtnis, Erinnerung.
11 **la glace:** Spiegel; hier: Schaufensterglas.
12 **couleur de poussière:** (asch)grau, fahl (*la poussière:* Staub).
14 **chez** (*Félix*) **Potin:** französische Kette von Feinkostgeschäften.
15 **se foutre de qc** (fam.): sich aus etwas absolut nichts machen.

il songe
il imagine une autre tête
une tête de veau par exemple
avec une sauce de vinaigre
ou une tête de n'importe quoi qui se mange
et il remue doucement la mâchoire
doucement
et il grince des dents doucement
car le monde se paye sa tête
et il ne peut rien contre ce monde
et il compte sur ses doigts un deux trois
un deux trois
cela fait trois jours qu'il n'a pas mangé
et il a beau se répéter depuis trois jours
Ça ne peut pas durer
ça dure
trois jours
trois nuits
sans manger
et derrière ces vitres
ces pâtés ces bouteilles ces conserves

1 **songer:** träumen.
3 **le veau:** Kalb.
4 **le vinaigre:** Essig.
5 **une tête de n'importe quoi:** irgend (sonst) ein Kopf.
6 **doucement** (adv.): langsam.
la mâchoire: Kiefer.
8 **grincer des dents:** mit den Zähnen knirschen.
9 **se payer la tête de qn** (fam.): hier: auf jdn. pfeifen.
14 **avoir beau faire qc:** vergeblich etwas tun; noch so sehr etwas tun können.
15 **durer:** (an)dauern, weitergehen.
20 **la vitre:** (Schau-)Fensterscheibe.
21 **le pâté:** (Fleisch-)Pastete.

poissons morts protégés par les boîtes
boîtes protégées par les vitres
vitres protégées par les flics
flics protégés par la crainte
que de barricades pour six malheureuses sardines . .
Un peu plus loin le bistro
café-crème et croissants chauds
l'homme titube
et dans l'intérieur de sa tête
un brouillard de mots
un brouillard de mots
sardines à manger
œuf dur café-crème
café arrosé rhum
café-crème
café-crème
café-crime arrosé sang! . . .
Un homme très estimé dans son quartier
a été égorgé en plein jour
l'assassin le vagabond lui a volé
deux francs
soit un café arrosé

1 **protéger:** schützen.
la boîte: Dose, Büchse.
3 **le flic** (fam.): Polizist.
8 **tituber:** (sch)wanken.
10 **le brouillard:** Nebel.
14 **café arrosé** (*de*) **rhum:** Kaffee mit Rum.
17 **le crime:** Verbrechen.
18 **estimer:** achten, schätzen.
le quartier: (Stadt-)Viertel.
19 **égorger:** die Kehle durchschneiden.
20 **un assassin:** Mörder.

zéro franc soixante-dix
deux tartines beurrées
et vingt-cinq centimes pour le pourboire du garçon.

Il est terrible
le petit bruit de l'œuf dur cassé sur un comptoir d'étain
il est terrible ce bruit
quand il remue dans la mémoire de l'homme qui a faim.

Chez la fleuriste

Un homme entre chez une fleuriste
et choisit des fleurs
la fleuriste enveloppe les fleurs
l'homme met la main à sa poche
pour chercher l'argent
l'argent pour payer les fleurs
mais il met en même temps
subitement
la main sur son cœur
et il tombe

En même temps qu'il tombe
l'argent roule à terre
et puis les fleurs tombent
en même temps que l'homme

1 **zéro:** null.
2 **beurré, e:** mit Butter bestrichen.
3 **le pourboire:** Trinkgeld.
8 **la fleuriste:** Blumenhändlerin.
11 **envelopper:** einwickeln, einpacken.
16 **subitement** (adv.): plötzlich.

en même temps que l'argent
et la fleuriste reste là
avec l'argent qui roule
avec les fleurs qui s'abîment
avec l'homme qui meurt
évidemment tout cela est très triste
et il faut qu'elle fasse quelque chose
la fleuriste
mais elle ne sait pas comment s'y prendre
elle ne sait pas
par quel bout commencer

Il y a tant de choses à faire
avec cet homme qui meurt
ces fleurs qui s'abîment
et cet argent
cet argent qui roule
qui n'arrête pas de rouler.

Et la fête continue

Debout devant le zinc
Sur le coup de dix heures
Un grand plombier zingueur
Habillé en dimanche et pourtant c'est lundi

4 **s'abîmer:** verderben, welken; sinken, fallen.
9 **savoir s'y prendre:** wissen, was zu tun ist.
19 **debout devant le zinc:** an der Theke stehend.
20 **sur le coup de dix heures:** Schlag 10 Uhr (vgl. *boire un coup* ›ein Glas zusammen trinken‹).
21 **le plombier zingueur:** Installateur, Flaschner (vgl. *le zinc* ›Zink‹).
22 **habillé en dimanche:** sonntäglich gekleidet.

Chante pour lui tout seul
Chante que c'est jeudi
Qu'il n'ira pas en classe
Que la guerre est finie
Et le travail aussi
Que la vie est si belle
Et les filles si jolies
Et titubant devant le zinc
Mais guidé par son fil à plomb
Il s'arrête pile devant le patron
Trois paysans passeront et vous paieront
Puis disparaît dans le soleil
Sans régler les consommations
Disparaît dans le soleil tout en continuant sa chanson.

Le temps perdu

Devant la porte de l'usine
le travailleur soudain s'arrête
le beau temps l'a tiré par la veste
et comme il se retourne
et regarde le soleil
tout rouge tout rond
souriant dans son ciel de plomb

8 **tituber:** (sch)wanken.
9 **guider:** führen, leiten.
le fil à plomb: Senkblei, Lot.
10 **s'arrêter pile devant qn:** hier: sich gerade aufrichten, sich aufbauen vor jdm.
le patron: Chef; hier: Wirt.
13 **régler les consommations:** die Zeche begleichen.
22 **le ciel de plomb:** bleierner Himmel.

il cligne de l'œil
familièrement
Dis donc camarade Soleil
tu ne trouves pas
que c'est plutôt con
de donner une journée pareille
à un patron?

Tournesol

Tous les jours de la semaine
En hiver en automne
Dans le ciel de Paris
Les cheminées d'usine ne fument que du gris

Mais le printemps s'amène une fleur sur l'oreille
Au bras une jolie fille
Tournesol Tournesol
C'est le nom de la fleur
Le surnom de la fille
Elle n'a pas de grand nom pas de nom de famille
Et danse au coin des rues
A Belleville à Séville

1 **cligner de l'œil:** blinzeln, mit den Augen zwinkern.
2 **familièrement** (adv.): vertraulich.
3 **le camarade:** Kamerad, Genosse.
5 **con, ne:** blöd.
6 **donner une journée pareille:** solch einen Tag verschenken.
8 **le tournesol:** Sonnenblume.
12 **la cheminée d'usine:** Fabrikschornstein.
13 **s'amener** (fam.): daherkommen.
17 **le surnom:** Spitzname.
19 **le coin:** Ecke.
20 **Belleville:** Arbeiterviertel in Paris im 20. Arrondissement.

Tournesol Tournesol Tournesol
Valse des coins de rues
Et les beaux jours sont venus
La belle vie avec eux

Le génie de la Bastille fume une gitane bleue
Dans le ciel amoureux
Dans le ciel de Séville dans le ciel de Belleville
Et même de n'importe où
Tournesol Tournesol
C'est le nom de la fleur
Le surnom de la fille.

Chanson des cireurs de souliers

Aujourd'hui l'homme blanc
Ne s'étonne plus de rien
Et quand il jette à l'enfant noir
Au gentil cireur de Broadway
Une misérable pièce de monnaie
Il ne prend pas la peine de voir

2 **la valse:** Walzer.
5 **le génie:** Geist.
la Bastille: das Pariser Staatsgefängnis (1789 gestürmt und zerstört; Symbol der Französischen Revolution).
la gitane bleue: Zigarette der Marke (blaue) »Gitanes« (vgl. *la gitane* ›Zigeunerin‹).
12 **le cireur de souliers:** Schuhputzer.
16 **Broadway:** Hauptstraße von New York, die die Stadt in mehr als 20 km Länge quer durchzieht.
17 **misérable:** elend; hier: kümmerlich.
18 **prendre la peine:** sich die Mühe machen.

Les reflets du soleil miroitant à ses pieds
Et comme il va se perdre
Dans la foule de Broadway
Ses pas indifférents emportent la lumière
Que l'enfant noir a prise au piège
En véritable homme du métier
La fugitive petite lumière
Que l'enfant noir aux dents de neige
A doucement apprivoisée
Avec une vieille brosse
Avec un vieux chiffon
Avec un grand sourire
Avec une petite chanson
La chanson qui raconte l'histoire
L'histoire de Tom le grand homme noir
L'empereur des cireurs de souliers
Dans le ciel tout noir de Harlem
L'échoppe de Tom est dressée

1 **miroiter:** (sich) spiegeln, funkeln.
3 **la foule:** Menge.
4 **le pas:** Schritt.
indifférent, e: gleichgültig.
emporter: davontragen, mitnehmen.
5 **prendre au piège:** einfangen (*le piège:* Falle).
6 **un homme du métier:** ein Mann vom Fach.
7 **fugitif, ve:** flüchtig, leicht vergänglich.
8 **aux dents de neige:** mit Zähnen, weiß wie Schnee.
9 **apprivoiser:** zähmen.
10 **la brosse:** Bürste.
11 **le chiffon:** Lappen.
16 **un empereur:** Kaiser.
17 **Harlem:** Stadtteil von New York mit hohem Anteil an schwarzer Bevölkerung.
18 **une échoppe:** Laden, Stand, Bude.
dresser: aufstellen, aufbauen.

Tout ce qui brille dans le quartier noir
C'est lui qui le fait briller
Avec ses grandes brosses
Avec ses vieux chiffons
Avec son grand sourire
Et avec ses chansons
C'est lui qui passe au blanc d'argent
Les vieilles espadrilles de la lune
C'est lui qui fait reluire
Les souliers vernis de la nuit
Et qui dépose devant chaque porte
Au Grand Hôtel du Petit Jour
Les chaussures neuves du matin
Et c'est lui qui astique les cuivres
De tous les orchestres de Harlem
C'est lui qui chante la joie de vivre
La joie de faire l'amour et la joie de danser
Et puis la joie d'être ivre
Et la joie de chanter
Mais la chanson du Noir
L'homme blanc n'y entend rien
Et tout ce qu'il entend
C'est le bruit dans sa main

1 **briller:** glänzen.
7 **passer:** hier: auftragen, einreiben mit.
le blanc d'argent: Silberweiß.
8 **une espadrille:** Leinenschuh, Stoffschuh.
9 **faire reluire:** zum Glänzen bringen.
10 **le soulier verni:** Lackschuh.
12 **le petit jour:** früher Morgen.
14 **astiquer:** putzen, polieren.
les cuivres *m.*: Blechblasinstrumente.
18 **ivre:** (be)trunken.

Le misérable bruit d'une pièce de monnaie
Qui saute sans rien dire
Qui saute sans briller
Tristement sur un pied.

Le balayeur

Au bord d'un fleuve
le balayeur balaye
il s'ennuie un peu
il regarde le soleil
il est amoureux
Un couple enlacé passe
il le suit des yeux
Le couple disparaît
il s'assoit sur une grosse pierre
Mais soudain la musique
l'air du temps
qui était doux et charmant
devient grinçant
et menaçant

Apparaît alors
l'Ange gardien du balayeur
qui d'un très simple geste

2 **sauter:** springen.
5 **le balayeur:** Straßenkehrer.
11 **enlacé, e:** umschlungen.
16 **un air:** Luft; Melodie.
18 **grinçant, e:** klirrend, schnarrend.
19 **menaçant, e:** bedrohlich.
21 **un ange gardien:** Schutzengel.

lui fait honte de sa paresse
et lui conseille de reprendre le labeur

L'Ange gardien plante l'index vers le ciel
et disparaît
Le balayeur reprend son balai

Une jolie femme arrive
et s'accoude au parapet
regarde le fleuve
Elle est de dos
et très belle ainsi
Le Balayeur sans faire de bruit
s'accoude à côté d'elle
et d'une main timide et chaleureuse
la caresse
ou plutôt fait seulement semblant
mimant le geste de l'homme qui tout à l'heure caressait
son amie en marchant

La femme s'en va sans le voir
Il reste seul avec son balai

1 **faire honte à qn de qc:** jdm. etwas vorhalten.
la paresse: Faulheit.
2 **le labeur:** harte Arbeit.
3 **planter l'index vers le ciel:** mit dem Zeigefinger (warnend) gen Himmel zeigen.
7 **s'accouder:** sich (mit dem Ellbogen) aufstützen.
le parapet: Geländer, Brüstung.
9 **être de dos:** den Rücken zukehren.
13 **timide:** schüchtern.
chaleureux, se: herzlich, teilnahmsvoll.
14 **caresser qn:** jdn. streicheln, liebkosen.
15 **faire semblant:** so tun als ob.

et soudain constate
que l'Ange est revenu
et l'a vu
et le blâme
d'un regard douloureux
et d'un geste de plus en plus affectueux
et de plus en plus menaçant

Le balayeur reprend son balai
et balaye
L'ange gardien disparaît

Une autre femme passe
Il s'arrête de balayer
et d'un geste qui en dit long
lui parle de la pluie
et du beau temps
et de sa beauté à elle
tout particulièrement

L'Ange apparaît
La femme s'enfuit épouvantée

L'Ange une nouvelle fois
fait comprendre au balayeur

4 **blâmer:** tadeln.
5 **douloureux, se:** schmerzlich.
6 **affectueux, se:** liebevoll, zärtlich.
13 **un geste qui en dit long:** eine vielsagende Geste.
14 f. **parler de la pluie et du beau temps:** von diesem und jenem sprechen, unwichtiges Zeug reden.
19 **s'enfuir:** fliehen.
épouvanté, e: entsetzt, erschrocken.

qu'il est là pour balayer
puis disparaît

Le balayeur reprend son balai
Soudain des cris
des plaintes
venant du fleuve
Sans aucun doute
les plaintes de quelqu'un qui se noie
Le balayeur abandonne son balai
Mais soudain hausse les épaules
et
indifférent aux cris venant du fleuve
continue de balayer

L'Ange gardien apparaît

Et le balayeur balaye
comme il n'a jamais balayé
Travail exemplaire et soigné

Mais l'Ange toujours l'index au ciel
remue des ailes courroucées
et fait comprendre au balayeur

5 **la plainte:** Klage(laut).
7 **sans aucun doute:** zweifellos.
8 **se noyer:** ertrinken.
9 **abandonner:** fallenlassen, im Stich lassen.
10 **hausser les épaules:** mit den Achseln zucken.
12 **être indifférent, e à qc:** gegenüber etwas gleichgültig sein, etwas nicht beachten.
17 **soigné, e:** sorgfältig.
19 **remuer:** bewegen.
une aile: Flügel.
courroucé, e: erzürnt.

que c'est très beau bien sûr
de balayer
mais que tout de même
il y a quelqu'un
qui est peut-être en train de se noyer
Et il insiste
le balayeur faisant la sourde oreille

Finalement
le balayeur enlève sa veste
puisqu'il ne peut faire autrement
Et comme c'est un très bon nageur
grimpe sur le parapet
et exécute un merveilleux «saut de l'ange»
et disparaît
Et l'ange
littéralement «aux anges»
louange le Seigneur

La musique est une musique
indéniablement céleste

3 **tout de même:** jedoch, immerhin.
6 **insister sur qc:** auf etwas beharren, bestehen.
7 **faire la sourde oreille:** sich taub stellen.
9 **enlever:** ausziehen.
12 **grimper:** klettern.
13 **exécuter:** durchführen, hier: machen.
merveilleux, se: wunderbar.
le saut de l'ange: Sprung mit ausgestreckten Armen.
16 **littéralement** (adv.): buchstäblich.
être aux anges: im siebten Himmel sein, begeistert sein.
17 **louanger:** loben, preisen.
le Seigneur: Gott, der Herr.
19 **indéniablement** (adv.): unleugbar, eindeutig.
céleste: himmlisch.

Soudain
le balayeur revient
tenant dans ses bras
l'être qu'il a sauvé

C'est une fille très belle
et dévêtue

L'Ange la toise d'un mauvais œil

Le balayeur
la couche sur un banc
avec une infinie délicatesse
et la soigne
la ranime
la caresse

L'Ange intervient
et donne au balayeur
le conseil de rejeter dans le fleuve
cette «diablesse»
La «diablesse» qui reprend goût à la vie
grâce aux caresses du balayeur

4 **un être:** Wesen, Mensch.
6 **dévêtu, e:** entkleidet.
7 **toiser:** von oben herab ansehen, mustern.
d'un mauvais œil: mit bösem Blick, vorwurfsvoll.
9 **coucher qn:** jdn. niederlegen.
10 **avec une infinie délicatesse:** unendlich sanft.
11 **soigner:** hegen, pflegen.
12 **ranimer:** wiederbeleben, ins Leben zurückrufen.
14 **intervenir:** eingreifen, dazwischentreten.
16 **le conseil:** Rat.
17 **la diablesse:** Teufelsweib.

se lève
et sourit

Le balayeur sourit aussi

Ils dansent tous deux

L'Ange les menace des foudres du ciel
Ils éclatent de rire
s'embrassent
et s'en vont en dansant

L'Ange gardien essuie une larme
ramasse le balai
et balaye . . . balaye . . . balaye . . . balaye . . .
in-exo-ra-ble-ment.

Pour rire en société

Le dompteur a mis sa tête
dans la gueule du lion
moi
j'ai mis seulement deux doigts
dans le gosier du Beau Monde

5 **la foudre:** Blitz.
6 **éclater de rire:** in Lachen ausbrechen.
9 **essuyer:** wegwischen.
la larme: Träne.
10 **ramasser:** aufheben.
12 **inexorablement** (adv.): unerbittlich, verbissen.
15 **la gueule:** Rachen, Maul.
18 **le gosier:** Kehle, Schlund, Rachen.
le Beau Monde: die vornehme Welt.

Et il n'a pas eu le temps
de me mordre
Tout simplement
il a vomi en hurlant
un peu de cette bile d'or
à laquelle il tient tant
Pour réussir ce tour
utile et amusant
Se laver les doigts
soigneusement
dans une pinte de bon sang
Chacun son cirque.

Pater noster

Notre Père qui êtes aux cieux
Restez-y
Et nous nous resterons sur la terre
Qui est quelquefois si jolie
Avec ses mystères de New York

2 **mordre:** beißen.
4 **vomir:** (er)brechen, ausspucken, ausspeien.
hurler: schreien, brüllen.
5 **la bile:** Galle.
6 **tenir à qc:** auf etwas Wert legen, an etwas hängen.
7 **pour réussir ce tour:** damit dieses Kunststück gelingt.
8 **utile:** nützlich, vorteilhaft; lehrreich.
10 **soigneusement** (adv.): sorgfältig.
11 **la pinte:** Schoppen (vgl. *se faire une pinte de bon sang* ›sich köstlich amüsieren‹).
12 **chacun son cirque:** jedem das Seine.
14 **les cieux** *m.*: Himmel.

Et puis ses mystères de Paris
Qui valent bien celui de la Trinité
Avec son petit canal de l'Ourcq
Sa grande muraille de Chine
Sa rivière de Morlaix
Ses bêtises de Cambrai
Avec son océan Pacifique
Et ses deux bassins aux Tuileries
Avec ses bons enfants et ses mauvais sujets
Avec toutes les merveilles du monde
Qui sont là
Simplement sur la terre
Offertes à tout le monde
Éparpillées
Émerveillées elles-mêmes d'être de telles merveilles
Et qui n'osent se l'avouer
Comme une jolie fille nue qui n'ose se montrer

1 **les mystères de Paris:** Titel eines berühmten Fortsetzungsromans (1842/43) von Eugène Sue.
2 **valoir:** wert sein; gleichkommen.
la Trinité: Dreieinigkeit.
3 **le canal de l'Ourcq:** Verbindungskanal zwischen den Flüssen Ourcq und Seine.
4 **la muraille de Chine:** Chinesische Mauer (im 3. Jh. v. Chr. begonnene, 2450 km lange Festungsanlage).
5 **la rivière de Morlaix:** Flußmündung, an der die bretonische Stadt Morlaix liegt.
6 **les bêtises de Cambrai:** Bonbons, Spezialität aus Cambrai, einer Stadt im Nordwesten Frankreichs.
9 **le mauvais sujet:** übles Subjekt.
10 **la merveille:** Wunder.
14 **éparpillé, e:** verstreut.
15 **émerveillé, e:** erstaunt, verwundert.
16 **oser:** wagen.
s'avouer qc: sich etwas eingestehen.

Avec les épouvantables malheurs du monde
Qui sont légion
Avec leurs légionnaires
Avec leurs tortionnaires
Avec les maîtres de ce monde
Les maîtres avec leurs prêtres leurs traîtres et leurs reîtres
Avec les saisons
Avec les années
Avec les jolies filles et avec les vieux cons
Avec la paille de la misère pourrissant dans l'acier des canons.

Quelqu'un

Un homme sort de chez lui
C'est très tôt le matin
C'est un homme qui est triste
Cela se voit à sa figure

1 **épouvantable:** schrecklich.
4 **le tortionnaire:** Henker, Folterknecht.
6 **le prêtre:** Priester.
le traître: Verräter.
7 **le reître:** Haudegen (von dt. ›Reiter‹, als Söldner im französischen Heer).
10 **le vieux con:** alter Knacker.
11 **la paille:** Stroh.
la misère: Not, Elend.
pourrir: verderben, verfaulen.
un acier: Stahl.
13 **quelqu'un:** (irgend)jemand (vgl. *être quelqu'un* ›eine [bedeutende] Persönlichkeit sein‹).
17 **la figure:** Gesicht.

Soudain dans une boîte à ordures
Il voit un vieux Bottin Mondain
Quand on est triste on passe le temps
Et l'homme prend le Bottin
Le secoue un peu et le feuillette machinalement
Les choses sont comme elles sont
Cet homme si triste est triste parce qu'il s'appelle Ducon
Et il feuillette
Et continue à feuilleter
Et il s'arrête
A la page des D
Et il regarde à la colonne des D-U du . . .
Et son regard d'homme triste devient plus gai plus clair
Personne
Vraiment personne ne porte le même nom
Je suis le seul Ducon
Dit-il entre ses dents
Et il jette le livre s'époussette les mains
Et poursuit fièrement son petit bonhomme de chemin.

1 **la boîte à ordures:** Mülltonne, Abfalleimer.
2 **le Bottin Mondain:** alphabetisches Adressbuch der oberen Zehntausend.
5 **secouer:** (aus)schütteln.
feuilleter: durchblättern.
machinalement (adv.): mechanisch, ohne zu überlegen.
7 **Ducon:** Familienname (vgl. *con, ne* [Schimpfwort] ›blöd, dumm‹).
12 **la colonne:** Spalte.
13 **gai, e:** froh, heiter.
18 **s'épousseter** (*les mains*): ausklopfen, sich den Staub (von den Händen) abklopfen.
19 **poursuivre son petit bonhomme de chemin:** sich gelassen und unbeirrt auf seinen Weg machen (*le bonhomme:* kleiner Mann, unbedeutender Mensch).
fièrement (adv.): stolz.

Le retour au pays

C'est un Breton qui revient au pays natal
Après avoir fait plusieurs mauvais coups
Il se promène devant les fabriques à Douarnenez
Il ne reconnaît personne
Personne ne le reconnaît
Il est très triste.
Il entre dans une crêperie pour manger des crêpes
Mais il ne peut pas en manger
Il a quelque chose qui les empêche de passer
Il paye
Il sort
Il allume une cigarette
Mais il ne peut pas la fumer.
Il y a quelque chose
Quelque chose dans sa tête
Quelque chose de mauvais
Il est de plus en plus triste
Et soudain il se met à se souvenir:
Quelqu'un lui a dit quand il était petit
«Tu finiras sur l'échafaud»
Et pendant des années
Il n'a jamais osé rien faire
Pas même traverser la rue

2 **le pays natal:** Heimat.
3 **faire un mauvais coup:** etwas verbrechen, anstellen.
4 **Douarnenez:** bretonische Stadt.
10 **empêcher qc:** etwas (ver-)hindern.
passer: hier: (hinunter-)rutschen.
19 **soudain:** plötzlich.
se mettre à faire qc: etwas beginnen.
21 **un échafaud:** Schafott.
23 **oser:** wagen.

Pas même partir sur la mer
Rien absolument rien.
Il se souvient.
Celui qui avait tout prédit c'est l'oncle Grésillard
L'oncle Grésillard qui portait malheur à tout le monde
La vache!
Et le Breton pense à sa sœur
Qui travaille à Vaugirard
A son frère mort à la guerre
Pense à toutes les choses qu'il a vues
Toutes les choses qu'il a faites.
La tristesse se serre contre lui
Il essaie une nouvelle fois
D'allumer une cigarette
Mais il n'a pas envie de fumer
Alors il décide d'aller voir l'oncle Grésillard.
Il y va
Il ouvre la porte
L'oncle ne le reconnaît pas
Mais lui le reconnaît
Et il lui dit:
«Bonjour oncle Grésillard»
Et puis il lui tord le cou.
Et il finit sur l'échafaud à Quimper
Après avoir mangé deux douzaines de crêpes
Et fumé une cigarette.

4 **prédire:** voraussagen.
Grésillard: Name; die Endung *-ard* hat eine abwertende Bedeutung.
6 **la vache** (fam.): Schuft.
8 **Vaugirard:** Stadtviertel in Paris, bekannt als Bretonenviertel.
12 **se serrer contre qn:** hier: jdn. ergreifen.
23 **tordre le cou à qn:** jdm. den Hals umdrehen.
24 **Quimper:** bretonische Stadt, ehemals Hauptstadt der Grafschaft Cornouaille.

La pêche à la baleine

A la pêche à la baleine, à la pêche à la baleine,
Disait le père d'une voix courroucée
A son fils Prosper, sous l'armoire allongé,
A la pêche à la baleine, à la pêche à la baleine,
Tu ne veux pas aller,
Et pourquoi donc?
Et pourquoi donc que j'irais pêcher une bête
Qui ne m'a rien fait, papa,
Va la pêpé, va la pêcher toi-même,
Puisque ça te plaît,
J'aime mieux rester à la maison avec ma pauvre mère
Et le cousin Gaston.
Alors dans sa baleinière le père tout seul s'en est allé
Sur la mer démontée . . .
Voilà le père sur la mer,
Voilà le fils à la maison,
Voilà la baleine en colère,
Et voilà le cousin Gaston qui renverse la soupière,
La soupière au bouillon.
La mer était mauvaise,
La soupe était bonne.
Et voilà sur sa chaise Prosper qui se désole:

1 **la pêche à la baleine:** Walfang.
3 **courroucé, e:** erzürnt.
4 **allongé, e:** liegend.
10 **pêpé:** Zusammensetzung aus *pépé:* ›Opa, Väterchen‹ (Kindersprache) und der Silbe *pê-* (vgl. *pêcher*).
14 **la baleinière:** Walfangboot.
15 **démonté, e:** aufgewühlt, stürmisch.
19 **renverser:** umwerfen.
21 **mauvais, e:** hier: stürmisch.
23 **se désoler:** jammern, klagen.

A la pêche à la baleine, je ne suis pas allé,
Et pourquoi donc que j'y ai pas été?
Peut-être qu'on l'aurait attrapée,
Alors j'aurais pu en manger.
Mais voilà la porte qui s'ouvre, et ruisselant d'eau
Le père apparaît hors d'haleine,
Tenant la baleine sur son dos.
Il jette l'animal sur la table, une belle baleine aux yeux bleus,
Une bête comme on en voit peu,
Et dit d'une voix lamentable:
Dépêchez-vous de la dépecer,
J'ai faim, j'ai soif, je veux manger.
Mais voilà Prosper qui se lève,
Regardant son père dans le blanc des yeux,
Dans le blanc des yeux bleus de son père,
Bleus comme ceux de la baleine aux yeux bleus:
Et pourquoi donc je dépècerais une pauvre bête qui m'a rien fait?
Tant pis, j'abandonne ma part.
Puis il jette le couteau par terre,
Mais la baleine s'en empare, et se précipitant sur le père
Elle le transperce de père en part.

3 **attraper:** fangen.
5 **ruisselant, e:** triefend.
6 **hors d'haleine:** außer Atem.
7 **le dos:** Rücken.
10 **lamentable:** klagend, mitleiderregend.
11 **dépecer:** zerlegen.
18 **tant pis:** hier: dann eben.
abandonner: aufheben, verzichten auf.
la part: (An-)Teil.
20 **s'emparer de qc:** etwas an sich reißen.
se précipiter sur qn: sich auf jdn. stürzen.
21 **transpercer:** durchbohren.
de père en part: vgl. *de part en part* ›durch und durch‹.

Ah, ah, dit le cousin Gaston,
On me rappelle la chasse, la chasse aux papillons.
Et voilà
Voilà Prosper qui prépare les faire-part,
La mère qui prend le deuil de son pauvre mari
Et la baleine, la larme à l'œil contemplant le foyer détruit.
Soudain elle s'écrie:
Et pourquoi donc j'ai tué ce pauvre imbécile,
Maintenant les autres vont me pourchasser en motogodille
Et puis ils vont exterminer toute ma petite famille.
Alors, éclatant d'un rire inquiétant,
Elle se dirige vers la porte et dit
A la veuve en passant:
Madame, si quelqu'un vient me demander,
Soyez aimable et répondez:
La baleine est sortie,
Asseyez-vous,
Attendez là,
Dans une quinzaine d'années, sans doute elle reviendra . . .

2 **le papillon:** Schmetterling.
4 **le faire-part:** (Todes-)Anzeige.
5 **prendre le deuil de qn:** um jdn. Trauer tragen.
6 **la larme:** Träne.
contempler: betrachten.
le foyer: Heim.
8 **un imbécile:** Dummkopf.
9 **pourchasser qn:** auf jdn. Jagd machen.
la motogodille: (Boot mit) Außenbordmotor.
10 **exterminer:** ausrotten.
11 **éclater de rire:** in Lachen ausbrechen.
13 **la veuve:** Witwe.

Tant de forêts . . .

Tant de forêts arrachées à la terre
et massacrées
achevées
rotativées

Tant de forêts sacrifiées pour la pâte à papier des
milliards de journaux attirant annuellement l'attention
des lecteurs sur les dangers du déboisement des bois
et des forêts.

2 **arraché, e:** herausgerissen.
3 **massacré, e:** umgebracht.
4 **achevé, e:** vernichtet.
5 **rotativé, e:** durch die Rotationspresse gejagt.
6 **sacrifié, e:** geopfert.
la pâte à papier: Papier(brei).
7f. **attirer l'attention sur qc:** die Aufmerksamkeit auf etwas lenken.
7 **annuellement** (adv.): jährlich, Jahr für Jahr.
8 **le déboisement:** Abholzung, Kahlschlag.
le bois: Gehölz, Wald.

La vie politique · La guerre

Le contrôleur

Allons allons
Pressons
Allons allons
Voyons pressons
Il y a trop de voyageurs
Trop de voyageurs
Pressons pressons
Il y en a qui font la queue
Il y en a partout
Beaucoup
Le long du débarcadère
Ou bien dans les couloirs du ventre de leur mère
Allons allons pressons
Pressons sur la gâchette
Il faut bien que tout le monde vive
Alors tuez-vous un peu
Allons allons

3f. **allons / pressons:** Beeilen Sie sich!
6 **presser:** hier: zusammenrücken.
10 **faire la queue:** Schlange stehen.
13 **le débarcadère:** Anlegesteg.
14 **le ventre:** Bauch.
15 **presser:** hier: drücken.
16 **la gâchette:** Abzugshahn.

Voyons
Soyons sérieux
Laissez la place
Vous savez bien que vous ne pouvez pas rester là
Trop longtemps
Il faut qu'il y en ait pour tout le monde
Un petit tour on vous l'a dit
Un petit tour du monde
Un petit tour dans le monde
Un petit tour et on s'en va
Allons allons
pressons pressons
Soyez polis
Ne poussez pas.

Il ne faut pas . . .

Il ne faut pas laisser les intellectuels jouer avec les allumettes
Parce que Messieurs quand on le laisse seul
Le monde mental Messssieurs
N'est pas du tout brillant
Et sitôt qu'il est seul
Travaille arbitrairement
S'érigeant pour soi-même

14 **pousser:** drängeln.
15 **il ne faut pas:** man darf nicht.
19 **le monde mental:** Welt des Verstandes (*mental, e*: geistig).
21 **sitôt que:** sobald.
22 **arbitrairement** (adv.): willkürlich, nach eigenem Gutdünken.
23 **ériger:** errichten.

Et soi-disant généreusement en l'honneur des travailleurs du bâtiment
Un auto-monument
Répétons-le Messssssieurs
Quand on le laisse seul
Le monde mental
Ment
Monumentalement.

Le discours sur la paix

Vers la fin d'un discours extrêmement important
le grand homme d'État trébuchant
sur une belle phrase creuse
tombe dedans
et désemparé la bouche grande ouverte
haletant
montre les dents
et la carie dentaire de ses pacifiques raisonnements

1 **soi-disant:** sozusagen.
généreusement (adv.): großzügig, uneigennützig.
en l'honneur de: zu Ehren von.
2 **le bâtiment:** Bau(industrie).
3 **un auto-monument:** Denkmal für sich selbst.
7 **mentir:** lügen.
8 **monumentalement** (adv.): hier: gewaltig.
9 **le discours:** Rede.
11 **trébucher:** straucheln, stolpern.
12 **creux, se:** hohl, leer.
14 **désemparé, e:** verwirrt, fassungslos.
15 **haletant, e:** keuchend, außer Atem, nach Luft schnappend.
17 **la carie dentaire:** Zahnfäule.
pacifique: friedliebend.
un raisonnement: Ausführung, Darlegung.

met à vif le nerf de la guerre
la délicate question d'argent.

Familiale

La mère fait du tricot
Le fils fait la guerre
Elle trouve ça tout naturel la mère
Et le père qu'est-ce qu'il fait le père?
Il fait des affaires
Sa femme fait du tricot
Son fils la guerre
Lui des affaires
Il trouve ça tout naturel le père
Et le fils et le fils
Qu'est-ce qu'il trouve le fils?
Il ne trouve rien absolument rien le fils
Le fils sa mère fait du tricot son père des affaires lui la guerre
Quand il aura fini la guerre
Il fera des affaires avec son père
La guerre continue la mère continue elle tricote
Le père continue il fait des affaires
Le fils est tué il ne continue plus
Le père et la mère vont au cimetière
Ils trouvent ça naturel le père et la mère

1 **mettre à vif:** bloßlegen.
2 **délicat, e:** heikel.
3 **la familiale:** hier: Familiengeschichte.
4 **faire du tricot:** stricken.
5 **faire la guerre:** im Krieg sein.
19 **tricoter:** stricken.
22 **le cimetière:** Friedhof.

La vie continue la vie avec le tricot la guerre les affaires
Les affaires la guerre le tricot la guerre
Les affaires les affaires et les affaires
La vie avec le cimetière.

Le fusillé

Les fleurs les jardins les jets d'eau les sourires
Et la douceur de vivre
Un homme est là par terre et baigne dans son sang
Les souvenirs les fleurs les jets d'eau les jardins
Les rêves enfantins
Un homme est là par terre comme un paquet sanglant
Les fleurs les jets d'eau les jardins les souvenirs
Et la douceur de vivre
Un homme est là par terre comme un enfant dormant.

L'orgue de Barbarie

Moi je joue du piano
disait l'un
moi je joue du violon
disait l'autre

5 **le fusillé:** Erschossener.
6 **le jet d'eau:** Springbrunnen.
7 **la douceur de vivre:** Lebenslust; Wohlbehagen.
8 **baigner dans qc:** in etwas liegen, schwimmen.
10 **enfantin, e:** Kind-, kindlich.
11 **sanglant, e:** blutig.
15 **un orgue de Barbarie:** Drehorgel (vgl. *la barbarie* ›Barbarei‹).
18 **jouer du violon:** Geige spielen.

moi de la harpe moi du banjo
moi du violoncelle
moi du biniou . . . moi de la flûte
et moi de la crécelle.
Et les uns et les autres parlaient parlaient
parlaient de ce qu'ils jouaient.
On n'entendait pas la musique
tout le monde parlait
parlait parlait
personne ne jouait
mais dans un coin un homme se taisait:
«Et de quel instrument jouez-vous Monsieur
qui vous taisez et qui ne dites rien?»
lui demandèrent les musiciens.
«Moi je joue de l'orgue de Barbarie
et je joue du couteau aussi»
dit l'homme qui jusqu'ici
n'avait absolument rien dit
et puis il s'avança le couteau à la main
et il tua tous les musiciens
et il joua de l'orgue de Barbarie
et sa musique était si vraie
et si vivante et si jolie
que la petite fille du maître de la maison

1 **la harpe:** Harfe.
3 **le biniou:** bretonischer Dudelsack.
la flûte: Flöte.
4 **la crécelle:** Klapper.
11 **le coin:** Ecke.
se taire: schweigen.
16 **jouer du couteau:** hier: das Messer locker sitzen haben (vgl. *jouer d'un instrument, jouer à un jeu*).
19 **s'avancer:** hier: hervortreten, sich nähern.
24 **le maître de la maison:** Hausherr.

sortit de dessous le piano
où elle était couchée endormie par ennui
et elle dit:
«Moi je jouais au cerceau
à la balle au chasseur
je jouais à la marelle
je jouais avec un seau
je jouais avec une pelle
je jouais au papa et à la maman
je jouais à chat perché
je jouais avec mes poupées
je jouais avec une ombrelle
je jouais avec mon petit frère
avec ma petite sœur
je jouais au gendarme
et au voleur
mais c'est fini fini fini
je veux jouer à l'assassin
je veux jouer de l'orgue de Barbarie.»
Et l'homme prit la petite fille par la main
et ils s'en allèrent dans les villes
dans les maisons dans les jardins
et puis ils tuèrent le plus de monde possible

2 **par ennui:** aus Langeweile, Trägheit.
4 **jouer au cerceau:** mit dem Reif spielen.
5 **le chasseur:** Jäger.
6 **jouer à la marelle:** Himmel und Hölle spielen (Hüpfspiel).
7 **le seau:** Eimer.
8 **la pelle:** Schaufel.
10 **jouer à chat perché:** Fangen spielen.
12 **une ombrelle:** Schirm.
15 f. **jouer au gendarme et au voleur:** Räuber und Gendarm spielen.
18 **un assassin:** Mörder.

après quoi ils se marièrent
et ils eurent beaucoup d'enfants.
Mais
l'aîné apprit le piano
le second le violon
le troisième la harpe
le quatrième la crécelle
le cinquième le violoncelle
et puis ils se mirent à parler parler
parler parler parler
on n'entendit plus la musique
et tout fut à recommencer!

Mai 1968

I

On ferme!
Cri du cœur des gardiens du musée homme usé
Cri du cœur à greffer
à rafistoler
Cri d'un cœur exténué
On ferme!

4 **l'aîné, e:** Älteste(r).
9 **se mettre à faire qc:** beginnen, etwas zu tun.
16 **le gardien:** (Museums-)Wärter.
musée homme: Musée de l'Homme, Völkerkundliches Museum in Paris (Wortspiel mit dem gleichlautenden *muséum* [-ɔm]).
usé, e: verbraucht, abgenutzt.
17 **greffer:** aufpfropfen; verpflanzen.
18 **rafistoler:** zurechflicken.
19 **exténué, e:** erschöpft.

On ferme la Cinémathèque et la Sorbonne avec
On ferme!
On verrouille l'espoir
On cloître les idées
On ferme!
O.R.T.F. bouclée
Vérités séquestrées
Jeunesse bâillonnée
On ferme!
Et si la jeunesse ouvre la bouche
par la force des choses
par les forces de l'ordre
on la lui fait fermer
On ferme!
Mais la jeunesse à terre
matraquée piétinée
gazée et aveuglée
se relève pour forcer les grandes portes ouvertes

1 **la Cinémathèque:** Filmarchiv und Kino in Paris, in dem alte Filme gespielt werden.
3 **verrouiller:** verriegeln, hinter Schloß und Riegel bringen.
4 **cloîtrer:** einsperren.
6 **O.R.T.F:** Office de la Radiodiffusion et Télévision Française (staatliche Rundfunk- und Fernsehanstalt).
bouclé, e: abgeriegelt.
7 **séquestré, e:** widerrechtlich eingesperrt, hier: unterdrückt.
8 **bâillonné, e:** geknebelt, mundtot gemacht.
11 **par la force des choses:** zwangsläufig, weil die Umstände nun einmal so sind.
12 **les forces de l'ordre:** Ordnungskräfte.
16 **matraqué, e:** niedergeknüppelt.
piétiné, e: mit Füßen getreten.
17 **gazé, e:** mit (Tränen-)Gas besprüht.
aveuglé, e: blind gemacht.
18 **se relever:** sich wieder erheben.

les portes d'un passé mensonger
périmé
On ouvre!
On ouvre sur la vie
la solidarité
et sur la liberté de la lucidité.

1 **mensonger, ère:** verlogen, falsch.
2 **périmé, e:** abgelaufen, überholt.
6 **la lucidité:** Klarheit des Verstandes.

L'amour

Barbara

Rappelle-toi Barbara
Il pleuvait sans cesse sur Brest ce jour-là
Et tu marchais souriante
Épanouie ravie ruisselante
Sous la pluie
Rappelle-toi Barbara
Il pleuvait sans cesse sur Brest
Et je t'ai croisée rue de Siam
Tu souriais
Et moi je souriais de même
Rappelle-toi Barbara
Toi que je ne connaissais pas
Toi qui ne me connaissais pas
Rappelle-toi
Rappelle-toi quand même ce jour-là
N'oubliez pas

4 **Brest:** Kriegshafen in der Bretagne, im Zweiten Weltkrieg völlig zerstört.
6 **épanoui, e:** freudestrahlend.
ravi, e: vergnügt, glücklich.
ruisselant, e: triefend (vor Nässe).
9 **sans cesse:** ununterbrochen, unaufhörlich.
10 **croiser qn:** jdm. begegnen, über den Weg laufen.

Un homme sous un porche s'abritait
Et il a crié ton nom
Barbara
Et tu as couru vers lui sous la pluie
Ruisselante ravie épanouie
Et tu t'es jetée dans ses bras
Rappelle-toi cela Barbara
Et ne m'en veux pas si je te tutoie
Je dis tu à tous ceux que j'aime
Même si je ne les ai vus qu'une seule fois
Je dis tu à tous ceux qui s'aiment
Même si je ne les connais pas
Rappelle-toi Barbara
N'oublie pas
Cette pluie sage et heureuse
Sur ton visage heureux
Sur cette ville heureuse
Cette pluie sur la mer
Sur l'arsenal
Sur le bateau d'Ouessant
Oh Barbara
Quelle connerie la guerre
Qu'es-tu devenue maintenant
Sous cette pluie de fer

1 **le porche:** Vorbau, Vordach.
s'abriter: sich unterstellen, Schutz suchen.
8 **en vouloir à qn:** jdm. böse sein.
tutoyer: duzen.
15 **sage:** weise.
19 **un arsenal:** Arsenal, Waffen- und Gerätelager; *l'Arsenal:* Marinebasis in Brest.
20 **Ouessant:** Insel vor der bretonischen Küste.
22 **la connerie** (fam.): Blödsinn, Schweinerei.

De feu d'acier de sang
Et celui qui te serrait dans ses bras
Amoureusement
Est-il mort disparu ou bien encore vivant
Oh Barbara
Il pleut sans cesse sur Brest
Comme il pleuvait avant
Mais ce n'est plus pareil et tout est abîmé
C'est une pluie de deuil terrible et désolée
Ce n'est même plus l'orage
De fer d'acier de sang
Tout simplement des nuages
Qui crèvent comme des chiens
Des chiens qui disparaissent
Au fil de l'eau sur Brest
Et vont pourrir au loin
Au loin très loin de Brest
Dont il ne reste rien.

1 **un acier:** Stahl.
2 **serrer dans les bras:** umarmen, an sich drücken.
8 **pareil, le:** gleich, dasselbe.
abîmer: beschädigen; zerstören.
9 **le deuil:** Trauer.
désolé, e: trostlos.
10 **un orage:** Gewitter.
13 **crever:** krepieren, platzen.
15 **au fil de l'eau:** hier: unter dem anhaltenden Regen.
16 **pourrir:** verderben, verfaulen, verwesen.

Je suis comme je suis

Je suis comme je suis
Je suis faite comme ça
Quand j'ai envie de rire
Oui je ris aux éclats
J'aime celui qui m'aime
Est-ce ma faute à moi
Si ce n'est pas le même
Que j'aime chaque fois
Je suis comme je suis
Je suis faite comme ça
Que voulez-vous de plus
Que voulez-vous de moi

Je suis faite pour plaire
Et n'y puis rien changer
Mes talons sont trop hauts
Ma taille trop cambrée
Mes seins beaucoup trop durs
Et mes yeux trop cernés
Et puis après
Qu'est-ce que ça peut vous faire
Je suis comme je suis
Je plais à qui je plais
Qu'est-ce que ça peut vous faire

5 **rire aux éclats:** schallend lachen.
15 **je n'y puis rien changer:** ich kann nichts daran ändern.
16 **le talon:** (Schuh-)Absatz.
17 **cambrer la taille:** das Kreuz durchdrücken.
18 **le sein:** Busen, Brust.
19 **les yeux cernés:** Ringe unter den Augen.

Ce qui m'est arrivé
Oui j'ai aimé quelqu'un
Oui quelqu'un m'a aimée
comme les enfants qui s'aiment
Simplement savent aimer
Aimer aimer . . .
Pourquoi me questionner
Je suis là pour vous plaire
Et n'y puis rien changer.

Paris at night

Trois allumettes une à une allumées dans la nuit
La première pour voir ton visage tout entier
La seconde pour voir tes yeux
La dernière pour voir ta bouche
Et l'obscurité tout entière pour me rappeler tout cela
En te serrant dans mes bras.

Le jardin

Des milliers et des milliers d'années
Ne sauraient suffire
Pour dire
La petite seconde d'éternité
Où tu m'as embrassé

7 **questionner:** ausfragen.
15 **une obscurité:** Dunkelheit.
16 **serrer dans ses bras:** in die Arme nehmen.
19 **suffire:** genügen, ausreichen.
21 **une éternité:** Ewigkeit.
22 **embrasser:** küssen.

Où je t'ai embrassée
Un matin dans la lumière de l'hiver
Au parc Montsouris à Paris
A Paris
Sur la terre
La terre qui est un astre.

Pour toi mon amour

Je suis allé au marché aux oiseaux
Et j'ai acheté des oiseaux
Pour toi
mon amour
Je suis allé au marché aux fleurs
Et j'ai acheté des fleurs
Pour toi
mon amour
Je suis allé au marché à la ferraille
Et j'ai acheté des chaînes
De lourdes chaînes
Pour toi
mon amour
Et puis je suis allé au marché aux esclaves
Et je t'ai cherchée
Mais je ne t'ai pas trouvée
mon amour.

6 **un astre:** Gestirn, Stern.
16 **la ferraille:** Schrott, Alteisen.
17 **la chaîne:** Kette.
21 **un esclave:** Sklave.

On frappe

Qui est là
Personne
C'est simplement mon cœur qui bat
Qui bat très fort
A cause de toi
Mais dehors
La petite main de bronze sur la porte de bois
Ne bouge pas
Ne remue pas
Ne remue pas seulement le petit bout du doigt.

Les enfants qui s'aiment

Les enfants qui s'aiment s'embrassent debout
Contre les portes de la nuit
Et les passants qui passent les désignent du doigt
Mais les enfants qui s'aiment
Ne sont là pour personne
Et c'est seulement leur ombre
Qui tremble dans la nuit
Excitant la rage des passants

7 **dehors:** draußen.
8 **la main de bronze:** bronzener (Tür-)Griff.
10 **remuer:** (sich) bewegen, (sich) rühren.
11 **ne . . . pas seulement:** nicht einmal.
13 **s'embrasser:** sich küssen, sich umarmen.
15 **désigner qn du doigt:** mit dem Finger auf jdn. zeigen.
18 **une ombre:** Schatten.
19 **trembler:** (er)zittern, beben.
20 **exciter:** erregen.
la rage: Wut.

Leur rage leur mépris leurs rires et leur envie
Les enfants qui s'aiment ne sont là pour personne
Ils sont ailleurs bien plus loin que la nuit
Bien plus haut que le jour
Dans l'éblouissante clarté de leur premier amour.

Le lézard

Le lézard de l'amour
S'est enfui encore une fois
Et m'a laissé sa queue entre les doigts
C'est bien fait
J'avais voulu le garder pour moi.

Cet amour

Cet amour
Si violent
Si fragile
Si tendre
Si désespéré

1 **le mépris:** Verachtung.
une envie: Neid.
3 **ailleurs:** anderswo.
5 **éblouissant, e:** strahlend, leuchtend.
6 **le lézard:** Eidechse.
8 **s'enfuir:** fliehen.
9 **la queue:** Schwanz.
10 **c'est bien fait:** das geschieht (mir) recht.
11 **garder:** behalten.
14 **violent, e:** heftig.
15 **fragile:** zerbrechlich.
16 **tendre:** zart.

Cet amour
Beau comme le jour
Et mauvais comme le temps
Quand le temps est mauvais
Cet amour si vrai
Cet amour si beau
Si heureux
Si joyeux
Et si dérisoire
Tremblant de peur comme un enfant dans le noir
Et si sûr de lui
Comme un homme tranquille au milieu de la nuit
Cet amour qui faisait peur aux autres
Qui les faisait parler
Qui les faisait blêmir
Cet amour guetté
Parce que nous les guettions
Traqué blessé piétiné achevé nié oublié
Parce que nous l'avons traqué blessé piétiné achevé nié oublié
Cet amour tout entier
Si vivant encore
Et tout ensoleillé
C'est le tien
C'est le mien
Celui qui a été
Cette chose toujours nouvelle

9 **dérisoire:** lächerlich.
10 **trembler:** zittern.
15 **faire blêmir:** erbleichen lassen.
16 **guetté, e:** belauscht, überwacht.
18 **traqué, e:** gehetzt, gejagt.
piétiné, e: mit Füßen getreten.
achevé, e: beendet, getötet, erledigt.
22 **ensoleillé, e:** voller Sonne, strahlend.

Et qui n'a pas changé
Aussi vraie qu'une plante
Aussi tremblante qu'un oiseau
Aussi chaude aussi vivante que l'été
Nous pouvons tous les deux
Aller et revenir
Nous pouvons oublier
Et puis nous rendormir
Nous réveiller souffrir vieillir
Nous endormir encore
Rêver à la mort
Nous éveiller sourire et rire
Et rajeunir
Notre amour reste là
Têtu comme une bourrique
Vivant comme le désir
Cruel comme la mémoire
Bête comme les regrets
Tendre comme le souvenir
Froid comme le marbre
Beau comme le jour
Fragile comme un enfant
Il nous regarde en souriant
Et il nous parle sans rien dire
Et moi je l'écoute en tremblant
Et je crie

9 **souffrir:** leiden.
13 **rajeunir:** (wieder) jung werden, sich verjüngen.
15 **têtu, e:** starrköpfig, eigensinnig.
la bourrique: Eselin.
17 **cruel, le:** grausam.
18 **le regret:** Reue.
20 **le marbre:** Marmor.

Je crie pour toi
Je crie pour moi
Je te supplie
Pour toi pour moi et pour tous ceux qui s'aiment
Et qui se sont aimés
Oui je lui crie
Pour toi pour moi et pour tous les autres
Que je ne connais pas
Reste là
Là où tu es
Là où tu étais autrefois
Reste là
Ne bouge pas
Ne t'en va pas
Nous qui sommes aimés
Nous t'avons oublié
Toi ne nous oublie pas
Nous n'avions que toi sur la terre
Ne nous laisse pas devenir froids
Beaucoup plus loin toujours
Et n'importe où
Donne-nous signe de vie
Beaucoup plus tard au coin d'un bois
Dans la forêt de la mémoire
Surgis soudain
Tends-nous la main
Et sauve-nous.

3 **supplier:** anflehen.
11 **autrefois:** einst.
13 **bouger:** sich rühren.
23 **au coin d'un bois:** am Rande eines Waldes.
25 **surgir:** auftauchen, (plötzlich) hervortreten.
26 **tendre la main:** die Hand reichen.

Déjeuner du matin

Il a mis le café
Dans la tasse
Il a mis le lait
Dans la tasse de café
Il a mis le sucre
Dans le café au lait
Avec la petite cuiller
Il a tourné
Il a bu le café au lait
Et il a reposé la tasse
Sans me parler
Il a allumé
Une cigarette
Il a fait des ronds
Avec la fumée
Il a mis les cendres
Dans le cendrier
Sans me parler
Sans me regarder
Il s'est levé
Il a mis
Son chapeau sur sa tête
Il a mis
Son manteau de pluie
Parce qu'il pleuvait
Et il est parti

8 **la petite cuiller:** Kaffeelöffel.
11 **reposer qc:** etwas absetzen, zurückstellen.
15 **faire des ronds:** Ringe blasen.
17 **la cendre:** Asche.
18 **le cendrier:** Aschenbecher.

Sous la pluie
Sans une parole
Sans me regarder
Et moi j'ai pris
Ma tête dans ma main
Et j'ai pleuré.

Rue de Seine

Rue de Seine dix heures et demie
le soir
au coin d'une autre rue
un homme titube . . . un homme jeune
avec un chapeau
un imperméable
une femme le secoue . . .
elle le secoue
et elle lui parle
et il secoue la tête
son chapeau est tout de travers
et le chapeau de la femme s'apprête à tomber en arrière
ils sont très pâles tous les deux
l'homme certainement a envie de partir . . .

7 **Rue de Seine:** Straße in Paris im 6. Arrondissement (Saint-Germain-des-Prés).
10 **le coin:** Ecke.
11 **tituber:** (sch)wanken.
13 **un imperméable:** Regenmantel.
14 **secouer qn:** jdn. schütteln.
18 **être tout de travers:** hier: ganz schief sitzen.
19 **s'apprêter à faire qc:** gleich etwas tun.
en arrière: nach hinten.
20 **pâle:** blaß, bleich.

de disparaître . . . de mourir . . .
mais la femme a une furieuse envie de vivre
et sa voix
sa voix qui chuchote
on ne peut pas ne pas l'entendre
c'est une plainte . . .
un ordre . . .
un cri . . .
tellement avide cette voix . . .
et triste
et vivante . . .
un nouveau-né malade qui grelotte sur une tombe
dans un cimetière l'hiver . . .
le cri d'un être les doigts pris dans la portière . . .
une chanson
une phrase
toujours la même
une phrase
répétée . . .
sans arrêt
sans réponse . . .
l'homme la regarde ses yeux tournent
il fait des gestes avec les bras

2 **furieux, se:** wild, unbändig.
4 **chuchoter:** flüstern, raunen.
6 **la plainte:** Klage.
7 **un ordre:** Befehl.
9 **avide:** gierig.
12 **grelotter:** (vor Kälte) zittern.
la tombe: Grab.
13 **le cimetière:** Friedhof.
14 **un être les doigts pris dans la portière:** ein menschliches Wesen, das die Finger in der Tür eingeklemmt hat.

comme un noyé
et la phrase revient
rue de Seine au coin d'une autre rue
la femme continue
sans se lasser . . .
continue sa question inquiète
plaie impossible à panser
Pierre dis-moi la vérité
Pierre dis-moi la vérité
je veux tout savoir
dis-moi la vérité . . .
le chapeau de la femme tombe
Pierre je veux tout savoir
dis-moi la vérité . . .
question stupide et grandiose
Pierre ne sait que répondre
il est perdu
celui qui s'appelle Pierre . . .
il a un sourire que peut-être il voudrait tendre
et répète
Voyons calme-toi tu es folle
mais il ne croit pas si bien dire
mais il ne voit pas
il ne peut pas voir comment
sa bouche d'homme est tordue par son sourire . . .

1 **le noyé:** Ertrinkender.
5 **se lasser:** müde werden.
7 **la plaie:** Wunde.
panser: verbinden, schließen.
19 **tendre:** zärtlich.
21 **voyons:** hör mal, hör doch.
25 **tordu, e:** verzerrt.

il étouffe
le monde se couche sur lui
et l'étouffe
il est prisonnier
coincé par ses promesses . . .
on lui demande des comptes . . .
en face de lui . . .
une machine à compter
une machine à écrire des lettres d'amour
une machine à souffrir
le saisit . . .
s'accroche à lui . . .
Pierre dis-moi la vérité.

Sang et plumes

Alouette du souvenir
c'est ton sang qui coule
et non pas le mien
Alouette du souvenir
j'ai serré mon poing

1 **étouffer:** ersticken.
2 **se coucher:** hier: sich mit seiner ganzen Last auf etwas legen.
4 **le prisonnier:** Gefangener.
5 **coincé, e:** eingeklemmt; hier: festgenagelt.
la promesse: Versprechen.
6 **demander des comptes à qn:** von jdm. Rechenschaft verlangen.
11 **saisir:** ergreifen, erfassen, packen.
12 **s'accrocher à qn:** sich an jdn. klammern.
14 **la plume:** Feder.
15 **une alouette:** Lerche.
16 **couler:** fließen.
19 **serrer le poing:** die Faust ballen hier: in der Hand erdrücken.

Alouette du souvenir
oiseau mort joli
tu n'aurais pas dû venir
manger dans ma main
les graines de l'oubli.

Les prodiges de la liberté

Entre les dents d'un piège
La patte d'un renard blanc
Et du sang sur la neige
Le sang du renard blanc
Et des traces sur la neige
Les traces du renard blanc
Qui s'enfuit sur trois pattes
Dans le soleil couchant
Avec entre les dents
Un lièvre encore vivant.

5 **la graine:** Korn.
un oubli: Vergessen.
6 **le prodige:** Wunder.
7 **la dent:** Zahn; hier: Zacke.
le piège: Falle.
8 **la patte:** Pfote.
le renard blanc: Polarfuchs.
11 **la trace:** Spur.
13 **s'enfuir:** fliehen, sich davonmachen.
16 **le lièvre:** Hase.

Le monde de l'enfant

Maintenant j'ai grandi

Enfant
j'ai vécu drôlement
le fou rire tous les jours
le fou rire vraiment
et puis une tristesse tellement triste
quelquefois les deux en même temps
Alors je me croyais désespéré
Tout simplement je n'avais pas d'espoir
je n'avais rien d'autre que d'être vivant
j'étais intact
j'étais content
et j'étais triste
mais jamais je ne faisais semblant
Je connaissais le geste pour rester vivant
Secouer la tête
pour dire non
secouer la tête
pour ne pas laisser entrer les idées des gens
Secouer la tête pour dire non
et sourire pour dire oui

5 **le fou rire:** unbändiges Lachen.
15 **faire semblant:** so tun als ob.
17 **secouer:** schütteln.

oui aux choses et aux êtres
aux êtres et aux choses à regarder à caresser
à aimer
à prendre ou à laisser
J'étais comme j'étais
sans mentalité
Et quand j'avais besoin d'idées
pour me tenir compagnie
je les appelais
Et elles venaient
et je disais oui à celles qui me plaisaient
les autres je les jetais

Maintenant j'ai grandi
les idées aussi
mais ce sont toujours de grandes idées
de belles idées
d'idéales idées
Et je leur ris toujours au nez
Mais elles m'attendent
pour se venger
et me manger
un jour où je serai très fatigué
Mais moi au coin d'un bois

1 **un être:** menschliches Wesen.
2 **caresser qc:** etwas streicheln.
4 **à prendre ou à laisser:** tun oder lassen.
6 **sans mentalité:** hier: ohne eigene Gefühle und Gedanken.
8 **tenir compagnie:** Gesellschaft leisten.
12 **jeter:** hier: verwerfen.
18 **rire au nez:** ins Gesicht lachen, auslachen.
20 **se venger:** sich rächen.
23 **au coin d'un bois:** am Waldrand.

je les attends aussi
et je leur tranche la gorge
je leur coupe l'appétit.

Page d'écriture

Deux et deux quatre
quatre et quatre huit
huit et huit font seize ...
Répétez! dit le maître
Deux et deux quatre
quatre et quatre huit
huit et huit font seize.
Mais voilà l'oiseau-lyre
qui passe dans le ciel
l'enfant le voit
l'enfant l'entend
l'enfant l'appelle:
Sauve-moi
joue avec moi
oiseau!
Alors l'oiseau descend
et joue avec l'enfant
Deux et deux quatre ...

2 **trancher:** (durch)schneiden.
la gorge: Kehle.
3 **couper l'appétit:** den Appetit verderben, nehmen.
4 **une écriture:** Schrift; hier: Rechenübung.
8 **le maître:** Schulmeister, Lehrer.
12 **l'oiseau-lyre:** australischer Vogel mit Schwanz in Lyra-Form (vgl. *lyre* ›Lyra‹ [Symbol der Phantasie]).

Répétez! dit le maître
et l'enfant joue
l'oiseau joue avec lui . . .
Quatre et quatre huit
huit et huit font seize
et seize et seize qu'est-ce qu'ils font?
Ils ne font rien seize et seize
et surtout pas trente-deux
de toute façon
et ils s'en vont.
Et l'enfant a caché l'oiseau
dans son pupitre
et tous les enfants
entendent sa chanson
et tous les enfants
entendent la musique
et huit et huit à leur tour s'en vont
et quatre et quatre et deux et deux
à leur tour fichent le camp
et un et un ne font ni une ni deux
un à un s'en vont également.
Et l'oiseau-lyre joue
et l'enfant chante
et le professeur crie:
Quand vous aurez fini de faire le pitre!

12 **le pupitre:** Pult.
17 **à leur tour:** ihrerseits.
19 **ficher le camp** (fam.): abhauen, sich aus dem Staub machen.
20 **ne faire ni une ni deux:** es sich nicht lange überlegen (vgl. ein konkretes Rechenexempel: *un et un font deux*).
21 **un à un:** einer nach dem anderen.
25 **faire le pitre:** Unsinn machen.

Mais tous les autres enfants
écoutent la musique
et les murs de la classe
s'écroulent tranquillement.
Et les vitres redeviennent sable
l'encre redevient eau
les pupitres redeviennent arbres
la craie redevient falaise
le porte-plume redevient oiseau.

Le cancre

Il dit non avec la tête
mais il dit oui avec le cœur
il dit oui à ce qu'il aime
il dit non au professeur
il est debout
on le questionne
et tous les problèmes sont posés
soudain le fou rire le prend
et il efface tout

4 **s'écrouler:** einstürzen.
5 **la vitre:** Fensterscheibe.
6 **une encre:** Tinte.
8 **la craie:** Kreide.
la falaise: (steil abfallende) Felswand (hier: aus Kreide).
9 **le porte-plume:** Federhalter.
10 **le cancre:** schlechter Schüler.
15 **il est debout:** er steht da.
16 **questionner:** hier: abfragen.
17 **poser un problème:** eine Aufgabe stellen.
18 **le fou rire le prend:** ein unbändiges Lachen überkommt ihn.
19 **effacer:** auswischen.

les chiffres et les mots
les dates et les noms
les phrases et les pièges
et malgré les menaces du maître
sous les huées des enfants prodiges
avec des craies de toutes les couleurs
sur le tableau noir du malheur
il dessine le visage du bonheur

En sortant de l'école

En sortant de l'école
nous avons rencontré
un grand chemin de fer
qui nous a emmenés
tout autour de la terre
dans un wagon doré
Tout autour de la terre
nous avons rencontré
la mer qui se promenait
avec tous ses coquillages
ses îles parfumées

1 **le chiffre:** Zahl.
3 **le piège:** Falle.
4 **la menace:** Drohung.
le maître: Lehrer, Schulmeister.
5 **les huées** *f.*: Hohngelächter.
un enfant prodige: Wunderkind.
6 **la craie:** Kreide.
7 **le tableau noir:** Wandtafel.
19 **un coquillage:** Muschel.

et puis ses beaux naufrages
et ses saumons fumés
Au-dessus de la mer
nous avons rencontré
la lune et les étoiles
sur un bateau à voiles
partant pour le Japon
et les trois mousquetaires des cinq doigts de la main
tournant la manivelle d'un petit sous-marin
plongeant au fond des mers
pour chercher des oursins
Revenant sur la terre
nous avons rencontré
sur la voie de chemin de fer
une maison qui fuyait
fuyait tout autour de la terre
fuyait tout autour de la mer
fuyait devant l'hiver
qui voulait l'attraper
Mais nous sur notre chemin de fer
on s'est mis à rouler
rouler derrière l'hiver
et on l'a écrasé
et la maison s'est arrêtée
et le printemps nous a salués

1 **le naufrage:** Schiffbruch; hier: Schiffswrack.
2 **le saumon fumé:** Räucherlachs.
8 **les trois mousquetaires:** die drei Musketiere (Protagonisten des gleichnamigen Romans von Alexandre Dumas père, 1844).
9 **la manivelle:** Kurbel.
le sous-marin: Unterseeboot.
11 **un oursin:** Seeigel.
23 **écraser:** zermalmen.

C'était lui le garde-barrière
et il nous a bien remerciés
et toutes les fleurs de toute la terre
soudain se sont mises à pousser
pousser à tort et à travers
sur la voie du chemin de fer
qui ne voulait plus avancer
de peur de les abîmer
Alors on est revenu à pied
à pied tout autour de la terre
à pied tout autour de la mer
tout autour du soleil
de la lune et des étoiles
A pied à cheval en voiture et en bateau à voiles.

Chasse à l'enfant

A Marianne Oswald

Bandit! Voyou! Voleur! Chenapan!

Au-dessus de l'île on voit des oiseaux
Tout autour de l'île il y a de l'eau

Bandit! Voyou! Voleur! Chenapan!

1 **le garde-barrière:** Schrankenwärter.
5 **à tort et à travers:** wild durcheinander.
8 **abîmer:** beschädigen.
15 **la chasse:** Jagd.
17 **le voyou:** Tagedieb.
le chenapan: Strolch.

Qu'est-ce que c'est que ces hurlements

Bandit! Voyou! Voleur! Chenapan!

C'est la meute des honnêtes gens
Qui fait la chasse à l'enfant

Il avait dit J'en ai assez de la maison de redressement
Et les gardiens à coups de clefs lui avaient brisé les dents
Et puis ils l'avaient laissé étendu sur le ciment

Bandit! Voyou! Voleur! Chenapan!

Maintenant il s'est sauvé
Et comme une bête traquée
Il galope dans la nuit
Et tous galopent après lui
Les gendarmes les touristes les rentiers les artistes

Bandit! Voyou! Voleur! Chenapan!

C'est la meute des honnêtes gens
Qui fait la chasse à l'enfant

1 **le hurlement:** Geschrei.
3 **les honnêtes gens:** ehrbare, anständige Leute.
5 **la maison de redressement:** Heim für schwererziehbare Kinder.
6 **le gardien:** Wärter.
briser: zerbrechen; einschlagen.
la dent: Zahn.
7 **laisser étendu, e:** liegen lassen (*étendre:* ausstrecken).
le ciment: (Zement-)Boden.
9 **se sauver:** fliehen, ausbrechen.
10 **traqué, e:** gehetzt.
13 **le rentier:** Rentner.

Pour chasser l'enfant pas besoin de permis
Tous les braves gens s'y sont mis
Qu'est-ce qui nage dans la nuit
Quels sont ces éclairs ces bruits
C'est un enfant qui s'enfuit
On tire sur lui à coups de fusil

Bandit! Voyou! Voleur! Chenapan!

Tous ces messieurs sur le rivage
Sont bredouilles et verts de rage

Bandit! Voyou! Voleur! Chenapan!

Rejoindras-tu le continent rejoindras-tu le continent

Au-dessus de l'île on voit des oiseaux
Tout autour de l'île il y a de l'eau.

1 **le permis:** (Jagd-)Schein.
2 **les braves gens:** anständige Leute.
4 **un éclair:** Blitz, Lichtstrahl.
5 **s'enfuir:** auf der Flucht sein, fliehen.
6 **le coup de fusil:** Gewehrschuß.
8 **le rivage:** Ufer.
9 **être bredouille:** hier: tatenlos zusehen müssen; Jagdsprache: leer ausgehen.
la rage: Wut.
11 **rejoindre:** erreichen.
le continent: Festland.

Jour de fête

Où vas-tu mon enfant avec ces fleurs
Sous la pluie

Il pleut il mouille
Aujourd'hui c'est la fête à la grenouille
Et la grenouille
C'est mon amie

Voyons
On ne souhaite pas la fête à une bête
Surtout à un batracien
Décidément si nous n'y mettons bon ordre
Cet enfant deviendra un vaurien
Et il nous en fera voir
De toutes les couleurs
L'arc-en-ciel le fait bien
Et personne ne lui dit rien
Cet enfant n'en fait qu'à sa tête
Nous voulons qu'il en fasse à la nôtre

4f. **Il pleut il mouille . . . c'est la fête à la grenouille:** Kinderreim; letzter Teil etwa: da freuen sich die Frösche (*mouiller:* durchnässen; *la grenouille:* Frosch).
9 **souhaiter la fête à qn:** jdm. zum Namenstag gratulieren.
10 **le batricien:** Lurch (hier als Gattungsname).
11 **décidément** (adv.): sicherlich, ganz klar.
12 **le vaurien:** Nichtsnutz, Taugenichts.
13f. **en faire voir à qn de toutes les couleurs:** jdn. nach Strich und Faden hereinlegen.
15 **un arc-en-ciel:** Regenbogen.
17 **n'en faire qu'à sa tête:** nur machen was man will.

Oh! mon père!
Oh! ma mère!
Oh! grand oncle Sébastien!

Ce n'est pas avec ma tête
Que j'entends mon cœur qui bat
Aujourd'hui c'est jour de fête
Pourquoi ne comprenez-vous pas
Oh! ne me touchez pas l'épaule
Ne m'attrapez pas par le bras
Souvent la grenouille m'a fait rire
Et chaque soir elle chante pour moi
Mais voilà qu'ils ferment la porte
Et s'approchent doucement de moi
Je leur crie que c'est jour de fête
Mais leur tête me désigne du doigt.

L'école des Beaux-Arts

Dans une boîte de paille tressée
Le père choisit une petite boule de papier
Et il la jette
Dans la cuvette
Devant ses enfants intrigués

8 **une épaule:** Schulter.
9 **attraper par le bras:** am Arm packen.
15 **désigner qn du doigt:** (wie) mit dem Finger auf jdn. zeigen.
16 **l'école des Beaux-Arts:** Kunstakademie.
17 **la paille:** Stroh.
tressé, e: geflochten.
20 **la cuvette:** (Wasch-)Schüssel.
21 **intrigué, e:** staunend.

Surgit alors
Multicolore
La grande fleur japonaise
Le nénuphar instantané
Et les enfants se taisent
Émerveillés
Jamais plus tard dans leur souvenir
Cette fleur ne pourra se faner
Cette fleur subite
Faite pour eux
A la minute
Devant eux.

Pour faire le portrait d'un oiseau

A Elsa Henriquez

Peindre d'abord une cage
avec une porte ouverte
peindre ensuite
quelque chose de joli
quelque chose de simple
quelque chose de beau
quelque chose d'utile
pour l'oiseau

1 **surgir:** auftauchen.
3 **la fleur japonaise:** hier: Wunderblume (*japonais, e:* japanisch).
4 **le nénuphar instantané:** Seerose, die im Nu, und nur für kurze Zeit, erblüht.
6 **émerveillé, e:** verwundert, entzückt.
8 **se faner:** welken.
9 **subit, e:** hier: jäh entstanden.
15 **la cage:** Käfig.

placer ensuite la toile contre un arbre
dans un jardin
dans un bois
ou dans une forêt
se cacher derrière l'arbre
sans rien dire
sans bouger . . .
Parfois l'oiseau arrive vite
mais il peut aussi bien mettre de longues années
avant de se décider
Ne pas se décourager
attendre
attendre s'il le faut pendant des années
la vitesse ou la lenteur de l'arrivée de l'oiseau
n'ayant aucun rapport
avec la réussite du tableau
Quand l'oiseau arrive
s'il arrive
observer le plus profond silence
attendre que l'oiseau entre dans la cage
et quand il est entré
fermer doucement la porte avec le pinceau
puis
effacer un à un tous les barreaux

1 **la toile:** Leinwand.
3 **le bois:** Wäldchen.
7 **bouger:** sich bewegen.
11 **se décourager:** den Mut verlieren.
14 **la lenteur:** Langsamkeit.
16 **la réussite:** Gelingen.
19 **observer le silence:** Schweigen bewahren, ruhig sein.
22 **le pinceau:** Pinsel.
24 **effacer:** auslöschen.
le barreau: Gitterstab.

en ayant soin de ne toucher aucune des plumes de l'oiseau
Faire ensuite le portrait de l'arbre
en choisissant la plus belle de ses branches
pour l'oiseau
peindre aussi le vert feuillage et la fraîcheur du vent
la poussière du soleil
et le bruit des bêtes de l'herbe dans la chaleur de l'été
et puis attendre que l'oiseau se décide à chanter
Si l'oiseau ne chante pas
c'est mauvais signe
signe que le tableau est mauvais
mais s'il chante c'est bon signe
signe que vous pouvez signer
Alors vous arrachez tout doucement
une des plumes de l'oiseau
et vous écrivez votre nom dans un coin du tableau.

Chanson des escargots qui vont à l'enterrement

A l'enterrement d'une feuille morte
Deux escargots s'en vont
Ils ont la coquille noire

1 **la plume:** Feder.
5 **le feuillage:** Blattwerk, Laub.
6 **la poussière:** Staub.
13 **signer:** hier: signieren.
16 **le coin:** Ecke.
17 **un escargot:** Schnecke.
un enterrement: Begräbnis.
18 **la feuille morte:** totes Blatt.
20 **la coquille:** Schneckenhaus.

Du crêpe autour des cornes
Ils s'en vont dans le soir
Un très beau soir d'automne
Hélas quand ils arrivent
C'est déjà le printemps
Les feuilles qui étaient mortes
Sont toutes ressuscitées
Et les deux escargots
Sont très désappointés
Mais voilà le soleil
Le soleil qui leur dit
Prenez prenez la peine
La peine de vous asseoir
Prenez un verre de bière
Si le cœur vous en dit
Prenez si ça vous plaît
L'autocar pour Paris
Il partira ce soir
Vous verrez du pays
Mais ne prenez pas le deuil
C'est moi qui vous le dis
Ça noircit le blanc de l'œil
Et puis ça enlaidit

1 **le crêpe:** Trauerflor.
la corne: Horn; hier: Fühler.
4 **hélas:** ach!
7 **ressuscité, e:** auferstanden, zu neuem Leben erwacht.
9 **désappointé, e:** enttäuscht.
12 **prendre la peine:** die Mühe auf sich nehmen.
15 **si le cœur vous en dit:** wenn ihr Lust dazu habt.
19 **voir du pays:** die Gegend kennenlernen.
20 **prendre le deuil:** Trauer tragen.
22 **noircir:** schwarz färben, machen.
23 **enlaidir:** häßlich machen.

Les histoires de cercueils
C'est triste et pas joli
Reprenez vos couleurs
Les couleurs de la vie
Alors toutes les bêtes
Les arbres et les plantes
Se mettent à chanter
A chanter à tue-tête
La vraie chanson vivante
La chanson de l'été
Et tout le monde de boire
Tout le monde de trinquer
C'est un très joli soir
Un joli soir d'été
Et les deux escargots
S'en retournent chez eux
Ils s'en vont très émus
Ils s'en vont très heureux
Comme ils ont beaucoup bu
Ils titubent un p'tit peu
Mais là-haut dans le ciel
La lune veille sur eux.

1 **le cercueil:** Sarg.
8 **à tue-tête:** aus vollem Halse, lauthals.
12 **trinquer:** (mit den Gläsern) anstoßen.
17 **ému, e:** tiefbewegt, gerührt.
20 **tituber:** schwanken, torkeln.
22 **veiller sur qn:** acht geben auf jdn, über jdm wachen.

Diskographie

Les Frères Jacques chantent Jacques Prévert. Philips 9101 290.
Yves Montand chante Prévert. CBS MOE 20.
Montand chante Prévert. Philips 844.886 By.
Jean-Marc Tennberg: Jacques Prévert. Odéon OSX 162.
Juliette Gréco chante Prévert. Philips 6311 104.
Cora Vaucaire: Chansons et poèmes de Prévert. Vol. I: Disque Pathé-Marconi STX 192. Vol. II: Disque Pathé-Marconi STX 219.
Cora Vaucaire chante Prévert et Kosma. Emidisc CO 48 50635.
Serge Reggiani: Poètes 2 et 3. Paroles. Jacques Prévert. Polydor 2675 096.
Catherine Ribeiro: Jacqueries. Philips 9 101 201.
Chansons de Jacques Prévert. (Germaine Montero, Eric Amado, Cora Vaucaire.) Le Chant du Monde LDX 4348.
Marlène Jobert dit Prévert. Disques Meys 528.220.
Prévert. Pages choisies et réalisation par Georges Hacquard. (Avec Jacques Dumesnil, Philippe Garnier, Jacques Harden, Roland Malcome, Denise Noël, François Perier, Jacques Sereys, Les Frères Jacques, Juliette Gréco, Mario Hacquard et Jacques Prévert.) L'encyclopédie sonore es 320 E 988. Production sonore hachette.

Literaturhinweise

Textausgaben

Paroles. Paris: Editions du Point du Jour, 1945. Verm. Ausg. 1947. – Paris: Gallimard, 1949.

Histoires. (En collaboration avec André Verdet.) Paris: Editions du Pré-au-Clercs, 1946. Verm. Ausg. 1948. – Neuausg. u. d. T.: Histoires et Autres Histoires. Paris: Gallimard, 1963.

Spectacle. Paris: Editions de la NRF, 1949. – Paris: Gallimard, 1951.

Grand Bal du Printemps. Lausanne: La Guilde du Livre, 1951. – Paris: Gallimard, 1976.

La Pluie et le Beau Temps. Paris: Gallimard, 1955.

Fatras. Avec cinquante-sept images composées par l'auteur. Paris: Gallimard, 1966.

Arbres. Poèmes. Gravures de Georges Ribemont-Dessaignes. Paris: Galerie d'Orsay, 1967.

Imaginaires. Avec des reproductions en couleurs de collages de Jacques Prévert. Genf: Skira, 1970.

Choses et autres. Paris: Gallimard, 1972.

Hebd(r)omadaires. (En collaboration avec André Pozner.) La-Chapelle-sur-Loire: Authier, 1972.

Soleil de Nuit. Paris: Gallimard, 1980. [Postum.]

Zum Gesamtwerk

Bergens, Andrée: Jacques Prévert. Paris: Editions Universitaires, 1969. (Classiques du XXe siècle.)

Kats, Helga: »Paroles« von Jacques Prévert. Eine strukturalistische Untersuchung. Diss. Hamburg 1976.

Laster, Arnaud: Paroles. Prévert. Paris: Hatier, 1972. (Profil d'une œuvre. 28.)

Magazine Littéraire. Nr. 155 (Décembre 1979): Dossier sur Prévert.

Mortelier, Christiane: Paroles de Jacques Prévert. Paris: Hachette, 1976. (Lire aujourd'hui.)
Sadeler, Joël: A Travers Prévert. Paris: Larousse, 1975. (Textes pour aujourd'hui.)
Weber, Verena: Form und Funktion von Sprachspielen. Dargestellt anhand des poetischen Werkes von Jacques Prévert. Frankfurt: Rita G. Fischer, 1980.

Einzeluntersuchungen

Coenen-Mennemeier, Brigitte: Strukturalistische Analyse von Texten Jacques Préverts. In: Die Neueren Sprachen 25 (1976) S. 562–571.
Heydenreich, Titus: Jacques Prévert: Fatras. In: Walter Pabst (Hrsg.): Die moderne französische Lyrik (Interpretationen). Berlin: Erich Schmidt, 1976. S. 314–332.
Heinrichs, Volkhard: Der »commentaire de texte« als Arbeitsform der Sekundarstufe II. Zum Chanson »Page d'écriture« von Jacques Prevért. In: Praxis des neusprachlichen Unterrichts 27 (1980) S. 55–66.
Raible, Wolfgang: Jacques Prévert. L'Orgue de Barbarie. In: W. R.: Moderne Lyrik in Frankreich. Darstellung und Interpretation. Stuttgart: Kohlhammer, 1972. S. 160–164.
Rück, Heribert: Französische Chansons im Handlungskontext der Sekundarstufe I. Dargestellt an zwei vertonten Prévert-Gedichten. In: Praxis des neusprachlichen Unterrichts 26 (1979) S. 178–186.
Wolf, Roland: »Le cancre« – Versuch einer Analyse auf der Grundlage rezeptionsorientierter Literaturbetrachtung. In: Praxis des neusprachlichen Unterrichts 28 (1981) S. 59–68.

Nachwort

Zu den Gedichten und Chansons Préverts

Jacques Prévert

Avec des vers avec des chansons
Jacques Prévert fait la chasse
la chasse à la baleine
la chasse à l'échanson
la chasse au capitaine
la chasse au capiston
la chasse à l'archevêque
la chasse au cureton
la chasse à l'archicheik
la chasse à l'archicon
la chasse au dîner de tête
la chasse au sac de son
la chasse au juge instruit
au juge d'instruction
et tout ça sans façons
simplement avec des vers
des vers et des chansons
Il sait de plus aller à la pêche
à la pêche à la lune souriante
à la pêche au soleil bon enfant
à la pêche aux rêves
à la pêche à toutes les couleurs
à la pêche sur la mer hospitalière
à la pêche sur les prés verts
à la pêche au bonheur
Devant les verts pâturages
plus personne n'est de faction

Jacques Prévert salutations.

Dieses 1950 in dem Band *Bâtons, Chiffres et Lettres* veröffentlichte Gedicht Raymond Queneaus ist mehr als eine bloße Hommage an seinen Freund Jacques Prévert. Es charakterisiert, unter Anspielung auf einige seiner Gedichtüberschriften, den Dichter und seine zentralen Themen und imitiert dabei treffend seinen Sprachstil, seine Manier. Queneau stellt ihn vor als den großen Kritiker, der immer wieder »Jagd macht«, der verfolgt, der angreift (*il fait la chasse...*) und andererseits »Sonne«, »Mond«, »Träume« und »Glück« einzufangen versucht (*aller à la pêche*).
Die Zielscheiben von Préverts Gesellschaftskritik als dem einen Pol seines dichterischen Werkes sind der Krieg und die Militaristen, der Absolutheitsanspruch von Kirche und Religion, die angemaßte Autorität und das hohle Pathos von Politikern, Schulmeistern und eingebildeten Spießern aller Art. In diesem gesellschaftskritischen Sinne, und ganz im Stil von Préverts Sprachspielen, wird deshalb im Gedicht Queneaus der *capitaine* (›Hauptmann‹) zum *capiston* (abwertend, Argot), der *archevêque* (›Erzbischof‹) zum *cureton* (abwertend für ›kleiner Priester‹), wenn nicht zum *archicon* (›Erzdummkopf‹) degradiert.
Den anderen Pol von Préverts dichterischem Werk bilden die Themen Traum, Glück, Liebe, Phantasie und Freiheit. Es wird die Welt der Pflanzen und Tiere, der Kinder und Liebenden beschworen. Dabei nimmt Queneau in Préverts Manier auch dessen Namen mit auf die Spielwiese des Dichters: Prévert vergnügt sich auf den *prés verts* und schreibt *des vers*.
Man darf sich allerdings nicht dazu verleiten lassen, diese fast idyllische Komponente der Gedichte Préverts zu verabsolutieren. Bittere Polemik, leidenschaftlicher Protest, vernichtende Kritik und düstere Visionen sind ebenso konstituierende Elemente in Préverts Werk wie sorgloses Glück und unbefangene Lebensfreude.
Diese Ambivalenz des Lebensgefühls zeigt sich bei Prévert immer wieder. In dem Gedicht »Le retour au pays« ergibt sich ein Spannungsverhältnis zwischen dem Gefühl heimatlicher Vertrautheit (Préverts Vater stammt aus der Bretagne) und

der Gestalt des Oncle Grésillard, der für Unterdrückung und Unfreiheit steht. Die Großstadtszene von Paris, die der passionierte Bummler und Nachtschwärmer Prévert besonders gut kannte, war für ihn ein schier unerschöpfliches Beobachtungsfeld für dramatische und oft rührende Episoden, aber auch für Szenen der Herzlosigkeit, der Grausamkeit, der Anonymität. Beim Thema Liebe wird diese Ambivalenz besonders deutlich. Die Darstellung von unbefangenem Glück (»Le jardin«) steht neben der Schilderung ihrer Zerbrechlichkeit und des Liebesschmerzes (»Rue de Seine«).

Merkmal vieler Prévertscher Gedichte ist es, daß der Zusammenstoß dieser Welten thematisiert wird, eingebettet in die Schilderung eines »fait divers«, einer Episode. Als Beispiel mag das Gedicht »Orgue de Barbarie« dienen, wo die Drehorgel (*orgue de Barbarie*) zur Orgel der Barbarei wird, als der Drehorgelspieler die anderen Musikanten umbringt. Ein solcher Umbruch vollzieht sich aber auch in umgekehrter Richtung. In »Page d'écriture« triumphieren schließlich die subversive Phantasie des Kindes und die ursprüngliche Natur über die repressive Routine des Schulmeisters, die abstrakte Zahlenwelt der Mathematik und die sterile Umgebung des Klassenzimmers. Ähnliche dramatische Wendungen ergeben sich unter anderem in »La grasse matinée«, »Le contrôleur«, »Chez la fleuriste«.

Die entscheidende Rolle bei diesen unerwarteten Wendungen kommt dem bewußten Einsatz von Sprachmanipulationen zu, dem Spiel mit Lauten oder mit der Doppeldeutigkeit von Wörtern und Redewendungen. So wird das Verbrechen in »La grasse matinée« dadurch angekündigt, daß aus dem *café-crème arrosé rhum* ein *café-crime arrosé sang* wird. In der »Orgue de Barbarie« spielt Prévert so lange mit den Verbindungen des Verbs *jouer* (›spielen‹!), bis aus dem harmlosen Instrumentenspiel grausamer Ernst wird, und in »Page d'écriture« schafft die Phantasie der Kinder den Durchbruch, als das nichtssagende Verb *faire* der Rechenformel (*huit et huit f o n t seize*) seinen ursprünglichen Sinn als Handlungsverb zurückerhält.

Verena Weber[1] hat die vielen Formen von Sprachspielen in Préverts Werk zusammengetragen und klassifiziert. Gespielt wird mit den Formen durch Alliterationen, Wiederholung von Homophonen, Wortverschmelzungen u. ä. und mit den Bedeutungen durch Polysemie (Mehrdeutigkeit von Wörtern) und die für Prévert so typischen Inventarien und Reihungen (»Déjeuner du matin«).
Préverts Sprachspiele wirken jedoch nicht kunsthandwerklich und sind selten reiner Selbstzweck. Sicherlich, Prévert hat Freude am spontanen Spiel mit der Sprache, aber meist sind klare künstlerische (wenn nicht politische) Absichten damit verbunden. Alltagssprache und Wortformeln sollen, in ihre Einzelelemente aufgelöst (A. Bergens[2] spricht von einem »massacre verbal«) und neu zusammengefügt, oder auch nur wörtlich genommen, einen neuen Sinn bekommen. Die dabei entstehenden Überraschungseffekte lassen den Leser oder Zuhörer aufhorchen und ihn offen werden für die Aussage. Prévert benutzt das Wortspiel als künstlerisches Prinzip zur Sinnschöpfung und als Vehikel einer Aussage. Berühmt sind die Schlußverse aus »Il ne faut pas . . .«: *Le monde mental / Ment / Monumentalement*, in denen über das Wortspiel das leere Pathos vieler Intellektueller entlarvt werden soll. Durch den alltäglichen Gebrauch abgenutzte Wörter und Wendungen werden dadurch wieder zum Leben erweckt, daß ihnen ihre ursprüngliche Vieldeutigkeit zurückgegeben wird. So wie am Ende des Gedichts »Pour faire le portrait d'un oiseau« der liebevoll gemalte Vogel lebendig wird und frei davonfliegt, so können bei Prévert auch abstrakte Wörter überraschend Realität gewinnen und zum Handlungsträger werden. Der Redner in »Le discours sur la paix« stolpert nicht nur in übertragenem Sinne über eine hohle Phrase, sondern er fällt auch hinein.
Hier zeigt sich, wie auch bei der filmschnittartigen Abfolge von Bildsequenzen oder bei der Verwendung der Collagetechnik in der Dichtung, Préverts Nähe zu den Surrealisten. Einige Titel

1 Verena Weber: Form und Funktion von Sprachspielen. Dargestellt anhand des poetischen Werkes von Jacques Prévert. Frankfurt 1980.
2 Andrée Bergens: Jacques Prévert. Paris 1969. S. 76.

seiner Gedichtbände suggerieren auch ein Nebeneinander von Heterogenem, Belanglosem, scheinbar Unwichtigem: *La Pluie et le Beau Temps* (vgl. *parler de la pluie et du beau temps* ›von belanglosen Dingen reden‹), *Fatras* (›Plunder, Krimskrams‹) oder *Choses et autres*. André Breton betont in seinem ersten Manifest die grundsätzliche Bedeutung der Collage für den Surrealismus. Die heterogenen Elemente schaffen durch die Assoziation neue Realität. Breton versucht Dichtung durch frei assoziierende Phantasie ohne rationale Steuerung entstehen zu lassen (»écriture automatique«). Bei Prévert treten aber die aneinandergereihten, heterogenen Einzelelemente immer in eine neu organisierte, überraschende Ordnung ein. Er unterwirft sich also nicht dem Diktat der orthodoxen Surrealisten, die feste Strukturen und eine strenge Komposition in der Dichtung ablehnen. Die in der Biographie Préverts beschriebene Trennung von der Schule der Surrealisten war also unumgänglich. Vielleicht ist gerade diese künstlerische Freiheit des Individualisten Jacques Prévert der Grund seiner großen Popularität.

Zur Biographie

Jacques Prévert wird am 4. Februar 1900 in Paris (Neuilly-sur-Seine) geboren. Er wächst dort in finanziell schwierigen Verhältnissen auf. Sein Vater, der aus Nantes in der Bretagne stammt, wird 1906 vorübergehend arbeitslos. Jacques Prévert verbringt seine Kindheit und Jugend in Paris, lange Zeit im Viertel um Saint-Sulpice, unweit von Saint-Germain-des-Prés, dem er sich zeitlebens eng verbunden fühlt.

Schon mit 15 Jahren verläßt er die Schule, deren Zwänge und Unmenschlichkeit er immer wieder in seinen Gedichten und Chansons anprangert. Er verdient sich seinen Lebensunterhalt unter anderem als Verkäufer. 1920 leistet er seinen Militärdienst ab. Aus dieser Zeit stammt auch seine Freundschaft mit Marcel Duhamel, dessen Haus in der Rue du Château im Stadtviertel Montparnasse zu einem Treffpunkt der Surrealisten um André Breton wird. Louis Aragon, den er schon aus seiner Kindheit kennt, Raymond Queneau, Robert Desnos, Michel Leiris gehören in dieser Zeit ebenfalls zu diesem Kreis. Prévert arbeitet mit an Pamphleten und Manifesten der Surrealisten. Viele gemeinsam verfaßte Texte tragen seinen Namen. Divergenzen führen 1928 zum Bruch mit André Breton und zum Ausschluß aus der Gruppe.

Über Marcel Duhamel kommt Jacques, zusammen mit seinem Bruder Pierre, zum Film, der sein »métier« werden wird. Er schreibt von nun an Dialoge und Drehbücher zu vielen Filmen und arbeitet mit den bekannten Filmregisseuren seiner Zeit zusammen, wie z. B. Jean Renoir und später Marcel Carné. In den Filmstudios lernt Prévert den Komponisten Joseph Kosma kennen, der die Musik zu vielen seiner Chansons schreibt, die ihn bei einem breiten Publikum bekannt machen.

Zu Beginn der dreißiger Jahre erscheinen auch die ersten satirischen Gedichte Préverts, verstreut in verschiedenen Zeitschriften. Von 1932 an engagiert er sich außerdem am Theater. Er schreibt kurze Einakter, Szenenfolgen und Sketche für den »Groupe Octobre«, ein politisches Aktionstheater, das er mitbegründet und das der kommunistischen Partei nahesteht. Die Truppe spielt in Arbeitervorstädten von Paris Stücke, die die aktuelle Tagespolitik aufgreifen, z. B. einen Streik der Arbeiter bei Citroën, 1933 die Machtergreifung Hitlers in Deutschland oder 1936 die Machtübernahme der Volksfront in Frankreich.

Als die Truppe Ende 1936 aufgrund finanzieller Schwierigkeiten ihre Aufführungen einstellen muß, bedeutet dies nicht das Ende von Préverts Schaffen. Manche seiner Zeitsatiren werden allerdings erst nach 1946 in den »Cabarets-Théâtres« aufgeführt. Die Gruppe – »La bande à Prévert« – trifft sich weiterhin im Café Flore in Saint-Germain-des-Prés, das damals in den Jahren vor dem Zweiten Weltkrieg zum geistigen und künstlerischen Mittelpunkt von Paris geworden war.

Während der »Occupation« hält sich Prévert zeitweilig im Süden, in Saint-Paul-de-Vence auf. Er nimmt Joseph Kosma und andere Freunde bei sich auf, die von den Nazis oder der Regierung Pétain verfolgt werden. Sein Freund Desnos stirbt während der Deportation. Préverts Gedichte zirkulieren zum Teil im Untergrund. Die Drehbücher, die er in dieser Zeit für Filme von Marcel Carné schreibt, sind unpolitisch (*Les Visiteurs du Soir*; *Les Enfants du Paradis*).

Nach der Befreiung von Paris im August 1944 ist Prévert wieder in seinem »Dorf« Saint-Germain-des-Prés, wo nun in den Kellern der Existentialismus zur Modeerscheinung wird. Was an Ideen, was an künstlerischer Produktion in den Jahren der »Occupation« aus Gründen der Zensur nicht hatte erscheinen können, bricht jetzt hervor. Im Dezember 1945 werden die von seinem Freund René Bertelé gesammelten, zuvor nur verstreut erschienenen Gedichte und Chansons veröffentlicht unter dem Titel *Paroles*.

In all den folgenden Jahren bewahrt Prévert seine künstlerische Vielseitigkeit: er arbeitet weiterhin für den Film, später auch für das französische Fernsehen, schreibt satirisches Theater, veröffentlicht Gedichte, die er jetzt auch mit Reproduktionen eigener Collagen verbindet (*Fatras*, 1966; *Imaginaires*, 1970). Bekannte Künstler wie Braque, Picasso, Calder, Miró und Max Ernst sind seine Freunde. Er schreibt Texte zu ihren Bildern, sie illustrieren seine Texte. Viele seiner Gedichte sind weiterhin Zeitsatiren. 1968 bringt er in mehreren Texten seine Sympathie für die Mai-Bewegung zum Ausdruck.

Als er am 11. April 1977 stirbt, trauert Paris und Frankreich um seinen populärsten Dichter dieses Jahrhunderts.

Verzeichnis der Gedicht- und Liedanfänge

Französische Literatur

IN RECLAMS UNIVERSAL-BIBLIOTHEK

Anouilh: *Jeanne oder Die Lerche.* 8970
Balzac: *Oberst Chabert.* 2107 [2]
Baudelaire: *Les Fleurs du Mal / Die Blumen des Bösen.* Zweispr. 9973 [6]
Bernanos: *Eine Nacht.* 8500
Butor: *Fluglinien.* 9314
Chamfort: *Früchte der vollendeten Zivilisation.* Zweispr. 9864 [2]
Chateaubriand: *Atala. René.* 976 [2]
Claudel: *Das Buch von Christoph Columbus.* 8495
Corneille: *Der Cid.* 487 – *Der Lügner.* 1217
Daudet: *Briefe aus meiner Mühle.* 3227 [3] – *Die wunderbaren Abenteuer des Herrn Tartarin aus Tarascon.* 1707 [2]
Diderot: *Jacques der Fatalist und sein Herr.* 9335 [4] – *Rameaus Neffe.* 1229 [2]
Dumas: *Die Kameliendame.* 245
Fénelon: *Die Abenteuer des Telemach.* 1327 [6]
Flaubert: *Herodias.* 6640 – *Die Legende von Sankt Julian dem Gastfreien.* 6630 – *Madame Bovary.* 5666 [5] – *Salammbô.* 1650 [4] – *Ein schlichtes Herz.* 6590
Französische Poetiken I 9789 [4], *II* 9790 [5]
Gide: *Die Pastoral-Symphonie.* 8051
Giraudoux: *Amphitryon 38.* 9436 [2] – *Die Irre von Chaillot.* 9979 – *Undine* 8902.
Ionesco: *Die Stühle. Der neue Mieter.* 8656 [2]
König Artus und seine Tafelrunde. Europäische Dichtung des Mittelalters. 9945 [10]
La Fayette: *Die Prinzessin von Clèves.* 7986 [3]
La Rochefoucauld: *Maximen und Reflexionen.* 678
Lyrik des Mittelalters. Probleme und Interpretationen. *Bd. 1: Mittellat. Lyrik. Altprovenz. Lyrik. Mittelalterl. Lyrik Nordfrankreichs.* 7896 [8] – *Bd. 2: Mittelhochdt. Lyrik. Mittelengl. Lyrik.* 7897 [6]
Maeterlinck: *Pelleas und Melisande.* 9427
Marivaux: *Das Spiel von Liebe und Zufall. Die Aufrichtigen.* 8604 – *Verführbarkeit auf beiden Seiten.* 7810
Maupassant: *Bel-Ami.* 9686 [5] – *Fettklößchen.* 6768 – *Der Schmuck. Der Teufel. Der Horla.* 6795
Mérimée: *Carmen.* 1602 – *Mateo Falcone. Das Blaue Zimmer.* Zweispr. 9795

Mittelalterliche Lyrik Frankreichs. I: Lieder der Trobadors. Zweispr. 7620 [4] – *II.: Lieder der Trouvères.* Zweispr. 7943 [4]

Molière: *Amphitryon.* 8488 – *L'Avare / Der Geizige.* Zweispr. 8040 [3] – *Der Bürger als Edelmann.* 5485 – *Don Juan.* 5402 – *Der eingebildete Kranke.* 1177 – *Der Geizhals.* 338 – *Die gelehrten Frauen.* 113 – *George Dandin.* 550 – *Le Malade imaginaire / Der eingebildete Kranke.* Zweispr. 7697 [3] – *Der Menschenfeind.* 394 – *Les Précieuses Ridicules / Die lächerlichen Preziösen.* Zweispr. 460 – *Scapins Streiche.* 8544 – *Die Schule der Frauen.* 588 – *Tartuffe.* 74

Montaigne: *Die Essais.* 8308 [5]

Montesquieu: *Vom Geist der Gesetze.* 8953 [6]

Murger: *Boheme.* Szenen aus dem Pariser Künstlerleben. 1534 [5]

Musset: *Der Sohn des Tizian.* 6720

Nerval: *Aurelia. Sylvia.* 7958 [2]

Pascal: *Gedanken.* 1621 [2]

Perec: *Die Maschine.* 9352

Phantastische Geschichten aus Frankreich. 9869 [3]

Prévost: *Manon Lescaut.* 937 [3]

Racine: *Berenize.* 8909 – *Britannicus.* Zweispr. 1293 [3] – *Phädra.* 54

Rimbaud: *Une Saison en Enfer / Eine Zeit in der Hölle.* Zweispr. 7902 [2]

Robbe-Grillet: *Die Jalousie oder die Eifersucht.* 8992 [2]

Rodenbach: *Das tote Brügge.* 5194

Rolland: *Peter und Lutz.* 7667

Rostand: *Cyrano von Bergerac.* 8955 [2]

Rousseau: *Emile oder Über die Erziehung.* 901 [10]

Saint-Exupéry: *Durst.* 7847

Saint-Simon: *Erinnerungen.* Der Hof Ludwigs XIV. 7954 [5]

Sartre: *Die ehrbare Dirne.* 9325

Scarron: *Die Komödianten.* 7999 [5]

Scribe: *Das Glas Wasser.* 145

Staël: *Über Deutschland.* 1751 [5]

Stendhal: *Die Äbtissin von Castro. Vanina Vanini.* 5088 [2]

Voltaire: *Candid.* 6549 [2] – *L'Ingénu / Der Freimütige.* Zweispr. 7909 [3]

Zola: *Das Fest in Coqueville. Die Überschwemmung.* 4142 – *Germinal.* 4928 [7] – *Thérèse Raquin.* 9782 [4]

Philipp Reclam jun. Stuttgart

Fremdsprachentexte

IN RECLAMS UNIVERSAL-BIBLIOTHEK

Französisch

Marcel Aymé: Le Passe-muraille et autres nouvelles. (E. Kemmner) 9179

Honoré de Balzac: Le Colonel Chabert. (W. Orlich) 9159 [2]

Albert Camus: L'Etranger. (B. Sahner) 9169 [2]

Alphonse Daudet: L'Enfant espion. Contes du lundi. (I. Rauthe-Welsch) 9188

Anatole France: Crainquebille. / Les Juges intègres. (Th. Baldischwieler) 9162

André Gide: L'École des femmes. (G. H. Seufert) 9189 [2]

Jean Giraudoux: La Guerre de Troie n'aura pas lieu. (N. Weitz) 9163 [2]

Eugène Ionesco: La Cantatrice chauve. (D. Lübke) 9164

Jean de La Fontaine: Fables. Mit Illustrationen von G. Doré. (W. Keiser) 9182

Guy de Maupassant: Contes. (I. Rauthe-Welsch) 9153

Prosper Mérimée: Carmen. / Vision de Charles XI. (O. Ahlers) 9171 [2]

Jacques Prévert: Poèmes et Chansons. (M. Beutter / H.-D. Schwarzmann) 9155

Jules Romains: Knock ou Le Triomphe de la Médecine. (Th. Baldischwieler) 9154 [2]

Antoine de Saint-Exupéry: Courrier Sud. (W. Hülk) 9174 [2]

Jean-Paul Sartre: Morts sans sépulture. (M. Meid) 9175 [2]

Stendhal: Vanina Vanini. / San Francesco a Ripa. (W. Paluch) 9194

Jules Verne: L'Éternel Adam. (H. Weber) 9186

Philipp Reclam jun. Stuttgart